PASCAL TRANSACT-SQL ERLANG

OPENEDGE ABL

COLDFUSION

HASKELL

OBJECTIVE-C

COBOL

JAVASCRIPT

VISUALBASIC

DART

SCALA

PYTHON PHP

資訊素養聯盟——著

輕鬆搞懂 課綱裡的科技

15位資訊專業的父母親，
以 案例 和 說故事
為國高中重新解構及釐清
108科技領域課綱

科技課綱輕鬆懂
生活應用向前行

永安國小校長
邢小萍

　　新課綱在 108 年 8 月 1 日正式上路，對於今年升小一、國一、高一的家長而言，心裡難免忐忑。尤其在科技領域跟過去的九年一貫有非常大的不同，相信大家應該都是腦中充滿了問號、問號、問號……！所幸有一群資訊專業背景的爸爸媽媽們，已經替大家想好了解方，準備以說故事的方式，來幫助大家理解跟解構 108 科技領域課綱喔！這本好書就是《課綱裡的科技輕鬆搞懂：15 位資訊專業的父母親，以案例和說故事為國高中重新解構及釐清 108 科技領域課綱》。

　　你一定不相信，這麼生硬的國高中科技領域「課綱」要怎麼說故事啊？又有什麼故事可以說呢？那你可就要張大眼睛好好的看：相信大家最近常常聽到的「運算思維」，作者用生活中常見的撲克牌來做說明，真的是簡單又容易懂，連我這個語文腦都可以理解，相信您也一定會感到興

趣！

有一章提到：生活中的傳統雜貨銷售到現在的大型通路賣場，原來是一種系統平台！我們天天要買東西，系統平台無所不在；再到時下年輕人常使用的社群網路乃至於雲端運算都是一種平台，透過這些例子的說明也讓我們理解未來社會物物相聯的概念，科技完全應用在生活中帶來便利！

提到 AI 更是人人都想深入理解，因為我們只有不被科技宰制，才能好好運用科技來改善現在的生活，爸爸媽媽放輕鬆，有 15 位爸媽為大家把科技課綱用易懂的語言和例子呈現，搞懂科技課綱不再是一件難事！

搞懂課綱裡的科技
學習就輕鬆

Taiwan Drone 100 創辦人、
南臺科技大學電子系
李志清教授

　　108 課綱上路了──到底什麼是 108 課綱呢？其實是 108 學年度上路的 12 年國教課程綱要的簡稱，而其所強調的核心素養，即是指身為一個現代人為適應當代生活以及面對未來挑戰，所應具備的知能與態度。

　　21 世紀的資訊科技知識更新週期已縮短為 2 － 3 年，我們不可能再用 20 世紀的國教課程來教導現在的孩子，資訊素養已經成為現代教育的一種基本「識字能力」（Literacy）。現今，已有許多先進國家明確訂出或修改教育政策，要國民從小就加強培養科技、資訊素養，其目的不僅是為了發展相關產業，更是著眼於國家整體的創新與競爭能力。

　　生涯探索必須從小開始，學生必須學著探索興趣和認識自己，才能做最好的選擇，在筆者求學的年代，大家接受著填鴨式的教育，多半的人沒辦法了解自己的興趣，

或是沒有辦法在自己有興趣的領域發展，大家都是到了大學聯考完才開始想自己的興趣在哪裡，要選什麼科系！時代不一樣了，現代父母不能再用自己的升學經驗看待孩子的未來，得要有意識的認識最新的教育趨勢和學習模式，幫助孩子及早探索自己的興趣及能力。

　　筆者所帶領的 Taiwan Drone 100 團隊，花了一年的時間成功的建構了屬於臺灣自己的無人機群飛展演團隊，目標是「Intel 能，臺灣也能」，一年多以來已經有相當程度的成果，團隊成員中有一半以上（將近十位）是出身於科技大學的學生，這些學生多半是對於無人機有一定程度的熱情，雖然國民教育的在校成績不佳，但因為自小明確地了解自己的興趣所在，積極的投入，因此在課堂上沒有教的領域中，自我學習，現在有機會投入無人機這個新興科技領域的職場，工作與興趣結合，在工作中所獲得的快樂及成就感，比起許多在頂尖高科技產業中的工程師都還來得多，生活得更快樂更有動力、衝勁。

　　《課綱裡的科技輕鬆搞懂》是由一群身處於資訊科技專業領域的父母，以貼近現實生活的資訊科技技術，以及淺顯易懂的文字、範例來解說一般人所害怕的資訊科技、程式設計，讓正面對 108 課綱手足無措的孩子與父母，用輕鬆的方式搞懂這全新課綱的意義及目標。程式無所不在，程式正吞噬這世界，程式軟體所創造出的價值，除了

少數的資訊科技專業相關從業人員有一定程度的認知，一般民眾（包括家長、學生）、教育政策訂定者，及多數的教育工作者，恐怕都還一知半解。本書的第一章〈科技遠比你知道的發達〉，這個標題一點也不誇張，雖然身處於這個資訊爆炸的年代，但資訊的落差還是普遍的存在著，本書試著透過幾個不同的主軸（AlphaGo、零售通路、機器人等）介紹，讓讀者能更清楚、快速地了解資訊科技教育的內涵及未來的發展，讓大家更勇於面對這巨大的改變，迎向更科技、更美好的未來生活。

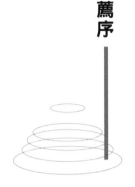

內容淺顯易懂
譬喻恰到好處

國立中正大學物理博士、
國立臺灣科學教育館推廣組薦任編輯
蘇萬生

　　一瞥書名中有「輕鬆搞懂」這四個字，心裡著實無壓力感信手翻閱，而不知不覺中一頁接著一頁讀完了，果如作者所言，輕輕鬆鬆就搞懂了科技領域課綱。例如，書中作者用了一個簡單的撲克牌問題來引領讀者了解演算法，這樣的研讀是愉快的，完全沒有讓人看了就頭昏眼花的電腦程式指令。其實說穿了，演算法就是一種解決問題的邏輯思維。在新課綱的推波助瀾之下，資訊素養，特別是程式設計能力，和其他學科一樣，是現代學生必修的一種基本能力。

　　誠如 Google 臺灣董事總經理簡立峰在 Google AI 創新研究營的記者會上坦言：「如果不是人才在臺灣這裡，Google 這樣的跨國機構不會來這」。臺灣人工智慧實驗室 AL Lab.tw 創辦人杜奕瑾（也是 PTT 創辦人）也說：臺灣的優質人才，足以發展 AI。大家一定聽過 Skype 吧！它

誕生於 2003 年，發源自愛沙尼亞這個遙遠而陌生的國度，這個波羅的海小國正是全球推動資訊教育最積極的國家，從小學開始納入程式設計教育；而現在他們從幼稚園就開始教了！而臺灣跟愛沙尼亞一樣都欠缺豐富的天然資源，相信人才就是翻身的最大資源，也是國家發展的關鍵。筆者先前任職於國家實驗研究院國家高速網路與計算中心，深知培育高速計算人才不易，企盼臺灣能趕上這波教育趨勢，培養未來人才。

　　本書各章分別為：〈科技遠比你知道的發達〉、〈數位世界裡被傳輸的資料長什麼樣〉、〈程式設計大解密〉、〈撲克牌教我演算法〉、〈AlphaGo 憑什麼打敗人類棋王〉、〈原來零售通路也是一種系統平台〉、〈機器人可以造福人類生活嗎〉、〈資訊科技應用創造豐富美好生活〉、〈數位公民與社會〉、〈溝通不是只對人，還要對機器人〉及最後一章〈十年之後的未來〉等，除最後章節外，其餘章節依序和 108 科技課綱：「科技本質」、「資料表示、處理與分析」、「程式設計」、「演算法」、「資料分析、資料探勘」、「系統平台」、「科技的設計與應用」、「資訊科技應用」、「資訊科技與人類社會」及「科技與社會」對應分類相呼應，可以看見作者的用心。閱讀本書，內容淺顯易懂，譬喻也拿捏恰到好處，縱使是無任何資通訊科技基礎者，讀來也絕無負荷感，輕鬆就能了解名詞背後的意涵，故深深推薦之。

一本解決「如何閱讀科技」難題的好書

國立政治大學傳播學院數位內容碩士學位學程專任副教授、政大國發所副教授／
陳聖智

　　運用與善用科技且嚴謹思考和有效地搜尋、分析、管理、吸收新知與描述資訊是在這個科技化及全球化的數位環境中，不可或缺且是相當重要的能力之一。素養導向、資訊素養、生活科技與資訊素養、數位素養（使用資通訊科技的能力）、科技素養等名詞，在 108 課綱上路的每個階段皆是常聽到的名詞，也是學生們、家長們、教師們關心的重點。如何在三面九向下建構素養，總綱與領綱之間的區分與鏈結，在不同的學習階段如何掌握關鍵素養學習，這些議題與教育學習息息相關。然而，「該學什麼」如何能夠說清楚講明白、納百川又能獨樹一幟清流，提供正確且專業的訊息，正是「科技領域」在談科技、談程式、談運算思維、談資訊（資通訊科技）、談生活科技、談人工智慧的難題。像是面對演算法、程式設計、系統平台、行動裝置、網際網路、雲端運算、資料分析及處理、資訊

科技應用、資訊倫理、法律及社會相關議題，能先閱覽《課綱裡的科技輕鬆搞懂》一書是何其有幸，這正是一本解決上述「如何閱讀科技」難題的解方。這本書難易適中，深入淺出兼容並蓄，在標題上即有清楚的旨趣，輕鬆搞懂就是能淺顯易懂接近科技、瞭解科技、用於生活。本書融合和運算思維發展趨勢及科技領域教學資源分享，是一本經典好書！

　　「科技領域」之重要事實、概念、原理原則、知識、操作技能、情意態度及後設認知等學習重點，是未來自我學習、課程設計、教材發展及教科書編撰之依據，本書第一章「科技遠比你知道的發達」提到了解科學、科技、工程、商業、人性彼此的關係；第二章「數位世界裡被傳輸的資料長什麼樣？」從資訊與資料的詞彙解構中，道出相關的生活科技應用的脈絡；第三章「程式設計大解密」透過遊戲解說程式的概念，將程式設計的妙處及有趣之處分享給讀者；第四章「撲克牌教我演算法」介紹演算法的種類邏輯、分析方式與運算思維的詮釋；第五章「AlphaGo憑什麼打敗人類棋王？」著重在人工智慧與機器學習的原理原則，及透過說故事的敘說，連結了我們的生活經驗；第六章「原來零售通路也是一種系統平台」分析不同生活中應用的系統平台建置原理、過程到物聯網的連結說明，有助於理解新科技的發展；第七章「機器人可以造福人類

生活嗎？」從設計與製作歷程的闡述，輔以設計思維到運算思維觀點，將我們置入生活情境中去理解機器人的作用與倫理；第八章「資訊科技應用創造豐富美好生活」從產品與服務的角度，描述資訊科技在生活中的鑲嵌，以及與資訊架構的關係；第九章「數位公民與社會」資訊安全、訊息真偽的判準，以及作為公民應該擁有的素養，以面對現今的資訊社會；第十章「溝通不是只對人，還要對機器人」提出應有的核心素養，從批判性思考扣連到創造與跨域思維，討論整合與應用的態度及挑戰；第十一章「十年之後的未來」反思與建議、挑戰與策略、態度與作為是最終篇的用意，提供讀者回顧現在與想像未來。

　　以終身學習的視角來檢視，除了我們耳熟能詳的芬蘭教育制度與政策是臺灣學習的對象外，經濟合作暨發展組織（OECD, Organization for Economic Co-operation and Development）指出，愛沙尼亞（Estonia, Republic of Estonia）以高科技著稱（Santiago, 2016）；愛沙尼亞是人口約 140 萬的波羅地的海國家，是全球推動程式設計教育並致力於打造數位環境最成功的國家（Köppe, 2017；教育部駐德國代表處教育組譯，2018），因應資訊時代愛沙尼亞從小就培養「運算思維」也是積極將資訊科技向下扎根學習程式設計的數位先驅。美國 2019 提出的「地平線報告：高等教育版」（EDUCAUSE Horizon Report:

2019 Higher Education Edition）揭櫫了國際上高等教育發展伴隨在「科技領域」的趨勢（Important Developments in Educational Technology for Higher Education），有：行動學習（Mobile Learning）、分析科技（Analytics Technologies）、混合實境（Mixed Reality）、人工智慧（Artificial Intelligence)、區塊鏈（Blockchain）、虛擬助理（Virtual Assistants）等等（Alexander, Ashford-Rowe, Barajas-Murphy, Dobbin, Knott, McCormack, Pomerantz, Seilhamer, & Weber, 2019）。這顯示許多科技的應用推陳出新，其發展變化快速，使得了解科技的應用與使用，對於自我學習與教育發展是有其必要性的。

　　經濟合作暨發展組織（OECD, Organization for Economic Co-operation and Development）在趨勢形塑教育2019（Trends Shaping Education 2019）報告中也提出了三大趨勢，包含全球化（Globalization, 原文採用Globalisation）、數位化（Digitalization, 原文採用Digitalisation）、高齡化（Ageing）。在數位化強調新科技作為教育工具的優勢，網路購買與資訊隱私權、資訊安全的訴求（cyberbullying and privacy issues），鼓勵學習科學、科技、工程、與數學（to take STEM (science, technology, engineering and maths)）；但同時在追求電腦的人工智慧時，更應考慮人類的社會價值（"We need to think much harder about how human skills complement the artificial intelligence of computers, so that we end up with first-class humans rather than second-class robots."），這也正是我所解讀於本書中所倡議的「數位公民與社會」的價值所在。

學「知識」也要學「素養」。「素養」（Competencies）是一種結合知識、態度和技能的整合能力。臺灣的十二年國民基本教育 108 課綱發展三面九項的「核心素養」意指為適應現在生活及面對未來挑戰，所應具備的知識、能力、技能與態度，注重以人為本的「終身學習者」培養，與「自發」、「互動」、「共好」三大理念做連結，目的在使學習者能提升行動力，勇於持續面對挑戰和學習，進而發展素養提升競爭力。三大面向，分別為「自主行動」、「溝通互動」、「社會參與」；九大項目，分別為「身心素質與自我精進」、「系統思考與解決問題」、「規劃執行與創新應變」、「符號運用與溝通表達」、「科技資訊與媒體素養」、「藝術涵養與美感素養」、「道德實踐與公民意識」、「人際關係與團隊合作」、「多元文化與國際理解」。期望在此理念發展下教育出的學子能實地應用所學，擁有解決問題能力，以及維持終身學習習慣的素養。本書《課綱裡的科技輕鬆搞懂》正是道出面對科技領綱必須呼應總綱的核心素養，成為一位「科技領域」終身學習者能克服生活中所面臨的問題與在生活情境裡運用，並能與時

俱進、自我學習、解決問題、適應未來，跟隨數位時代腳
步的社會公民。

參考資料

教育部駐德國代表處教育組譯 (2018)；Köppe, J. (2017) 撰稿。愛沙尼亞學
生數位能力勝過德國的原因。國家教育研究院國際訊息電子報，第 142 期。
https://fepaper.naer.edu.tw/index.php?edm_no=142&content_no=687，
資料來源：2017 年 11 月 8 日，德國明鏡週刊（Spiegel）網頁新聞 http://www.
spiegel.de/lebenundlernen/schule/estland-digitalisierung-an-schulen-zu-besuch-
im-digitalen-klassenzimmer-a-1176271.html

Alexander, B., Ashford-Rowe, K., Barajas-Murphy, N., Dobbin, G., Knott, J.,
McCormack, M., Pomerantz, J., Seilhamer, R., & Weber, N. (2019). EDUCAUSE
Horizon Report: 2019 Higher Education Edition. Louisville, CO: EDUCAUSE.

Buckland, M. K. (2017). Information and Society. Cambridge, MA: MIT Press.

Napoli, P. M. (2019). Social Media and the Public Interest: Media Regulation in the
Disinformation Age. New York: Columbia University Press.

Santiago, P. et al. (2016). OECD Reviews of School Resources: Estonia 2016.
OECD Publishing, Paris, http://dx.doi.org/10.1787/9789264251731-en.

OECD (2019). Trends Shaping Education 2019. OECD Publishing, Paris, https://
doi.org/10.1787/trends_edu-2019-en.

Robinson, L., & Bawden, D. (2014). Mind the gap: transitions between concepts
of information in varied domains. In Theories of Information, Communication and
Knowledge (pp. 121-141). Springer Netherlands.

邁入轉型的世界

臺灣微軟公共業務事業群總經理
潘先國

　　2019 年的 6 月炎炎夏日，臺灣微軟總部迎來了一群很特別的小客人，他們是來自屏東縣牡丹鄉的石門國小學生，當中有些學生是第一次離開家鄉、第一次坐高鐵，但微軟的我們因為這群學生而經歷了不凡的下午。每一位來訪的學生皆展現無比耐心，帶著我們走進用 Minecraft 建造的牡丹鄉，仔細地告訴我們關於他們部落的故事。其中，有一位學生所建造的 Minecraft 世界是牡丹鄉的牡丹水庫，從世界入口進入後是一片寬闊、鋪著整齊柏油的牡丹水庫全貌，他按一按滑鼠，打開自己設計的水庫洩洪開關，水庫中的水即傾瀉而下，他提醒若是晴天，為了保存水資源，閘門將會關閉，而一旁的樓梯嵌入太陽能板，是為了讓夜晚的樓梯能自動發光，指引訪客的道路。接著畫面視角俯瞰水壩，他說，在水壩下有著他們的文化。果不其然，在藍色水面下是一個又一個白色聚落，這些房子是過去他

們排灣族部落族人在水庫上游的家，由於政府為了新建水庫，搬家的那一天因為不捨辛苦蓋的房子即將被淹沒，很多族人都留下了淚……。如果不是這次的見面，我也不會有機會了解牡丹水庫後面的故事，科技為我們搭建了橋梁，使我看到學生的無限想像得以具體呈現，Minecraft 世界裡的精心設計富藏學生滿滿創意，更令我覺得驚喜的是，當這群學生自信地分享他們自身部落文化，企圖以文化照亮彼此的文化時，來自國境之南的臺灣學子一點都不輸國外的學生，是如此耀眼和充滿希望。

自 2014 年微軟以二十五億美元購入 Minecraft 後，我們在 2016 年推出教育版本，我們並非將 Minecraft 教育版視為遊戲，而是定位成一個能促進學生協同合作、發展社交情緒技巧、激發創意、並培養運算思維的學習平台。在 Minecraft 教育版中內建的微軟開源程式學習平台 MakeCode，提供給全世界進行電腦科學教育，使學生能用圖像拖拉的方式或程式語言 Javascript 學習程式撰寫，透過遊戲反覆進行嘗試錯誤，奠基電腦科學的基礎與激發興趣。我們深知在這一波科技驅使各產業轉型的關鍵時期，投注資源培育未來人才是微軟最急迫的優先順序，也因此，微軟為全世界的教師以及學生提供不收費的 office 365 教育版帳號，透過 Office 365 雲端平台，資訊科技能不著痕跡地融入各領域的教學與學習中，教師經由數位筆

記本 OneNote 發送課程並記錄下學生每一個學習歷程，學生能應用學習工具 Learning tools 依照個人需求進行朗讀文章的速度調整，增進閱讀理解，跨域統整的學習能在同一個協作平台 Teams 上進行，教師也能經由數位評量 Forms 檢測立即掌握學生學習狀況，以提供個別學生所需的差異化教學輔助。

今年在 108 科技領域新課綱上路的重要里程碑時刻，也意味著政府與世界各國對培養學生數位素養的重視，微軟的使命為協助地球上每一個人與每一個組織都能夠成就非凡，在這個關鍵時刻，微軟更不會缺席。本書《課綱裡的科技輕鬆搞懂：15 位資訊專業的父母親，以案例和說故事為國高中重新解構及釐清 108 科技領域課綱》陪伴讀者在面對這股數位革命的開端，透過實際的說明與案例，能對這快速變化的科技描繪出基礎面貌，引領我們邁入轉型的世界。那天下午，我詢問那位來自屏東那位做出牡丹水庫的學生：你的夢想是什麼？他靦腆的回答：我想要做程式設計師。學生因為科技的注入，開啟了未來夢想，也連通與國際接軌的道路。這更令我深信，教育的使命即是協助每一名學生展翅高飛，呼應教育部新課綱中的宗旨：成就每一個孩子！

編者序

「臉書又改演算法！未來留言將比按讚更重要」、

「老闆盯員工……有請大數據」、

「12 年國教新課綱國中學寫程式成亮點」、

「貓奴勵志的故事！被逼出極限自學 AI 阻止主子叼回獵物」、

「為了迎合 AI 教育潮流，力宇教育平台研發了一套讓學生能學以致用、融合生活和時事，提供國小、國中、高中完整且多元的全方位雲端數位學習平台」、

「教育部編了教材卻刪掉課程，教師憂國小 AI 教育難落實」……

　　每日每日各式資訊相關的新聞充斥在我們的生活之中，平常瀏覽而過，對多數非資訊人來說，可能沒有在心中激起太大的漣漪，但仔細想想……「演算法」到底是什

麼啊？為什麼臉書改演算法會引來一陣陣哀號及討論？大數據又是怎麼來的，好像大家都說很重要！會寫程式的年齡層好像愈來愈低？所以寫程式不難？學 AI，到底是要學什麼……一連串的疑惑，讓身為資訊科技門外漢的小編愈來愈害怕，會不會哪天連個國小生都不如，根本跨不進 AI 世紀，會被世界淘汰。

在當前這個時代，科技日行千里，網路幾乎成為生活的主體，沒有人能避開這個潮流，大家都是網路公民的一分子。教育部 108 年施行的新課綱，特別強調了所謂「素養」的培養，這是一種能在生活中自學應變的能力。網路世界有很多高科技的東西，因為高科技所以讓人覺得遙遠，以為只有資訊、科技專業的人才會懂，一般人只要會用就好了。但其實問題沒有這麼單純，在網路世界、AI 時代，資訊素養是人人都該也能掌握的，培養自己的資訊素養，了解網路世界的遊戲規則，才不會在網路中迷失了自己、才能做正確的判斷，並讓自己過更好的生活。

在這本由業界的資訊人所共同撰寫的書中，以 108 科技領域課綱為基礎範疇，用說故事的淺顯方式引領大家理解資訊科技的基礎知識，讓讀者也能變身成具有資訊素養的人，並有能力判別解讀網路世代各種現象背後的真相及做好進入 AI 世代的心理準備。

讀了這本書，只要擁有正知正見，即使不擅長電腦也

能直面數據，不必擔心跟不上時代，例如：

人人都該學寫程式？不不不，除非你有興趣而且你想學。但您可以簡單理解程式語言是跟電腦溝通的語言，不同的程式語言可以寫出不同用途的程式，就像人人都可以學各種不同的外文，當然人人也可以根據你的需求去學不同的程式語言。孩子因為正在學習階段，可以多學，但不必加諸太大的壓力，有興趣再深入地學。

演算法為什麼重要？我們為什麼應該知道演算法是什麼？因為不同的演算法會決定哪些網路訊息、廣告會出現在你的眼前。當您搜尋關鍵字，哪些資訊會優先出現在你面前，是由規則決定的，當您對演算法有概念，就會知道你的喜好、你的觀點其實不知不覺中被某些商人引導著，一直看到同溫層的訊息更要小心，這並不自然……因為了解所以可以避免盲目及掉入陷阱。

人工智慧是由高科技組合而成，但最原始的起點是人類生活中的需求。為了解決問題，組合各式發展的科技、軟體，成就人工智慧的發展。但人工智慧是幫人類做事，不是為了取代人類而興起。了解自己的興趣及專長，做好準備，大家都可以優游在 AI 世紀。

還有還有，系統平台、社群網路、雲端運算、物聯網、網路公民素養、資訊核心能力……一舉讓您通通輕鬆搞懂。除此之外，即將面對科技課綱的學生、老師、父母

們，讀了本書，除了初步了解 108 科技領域課綱的基礎內容，更可以沒有恐懼的迎接新的資訊思維，大踏步的往前走。科技始終來自於人的需求，資訊科技的學習乃是奠基在生活能力之上，所以大家就放鬆心情，一起攜手邁入資訊世界。

新課綱到底要給我們的小孩
一個什麼樣的未來？

資訊素養聯盟
Info-parenting

　　2019 年 6 月張忠謀先生給了年輕人兩個不被 AI 取代的建議，「運算能力」與「數據蒐集」。我們認為這應該也是教育部苦心費力新增科技領域課綱的初衷，期望未來的臺灣青年核心競爭力能具備這兩項能力，或説是素養（意即解決問題的能力）。

　　一二十年來，身為臺灣資訊科技業界的一員，我們早已習慣一日千里的科技演進速度，也了解這會是現在與未來的常態；然而，在看到教育部制定科技領域課綱的方式後，或許是時間過於倉促，或許是第一次定錨方向定得不精準，反而使得我們這一群資訊業界父母不淡定了！

　　培養青少年數學邏輯、運算思維、同理、溝通、共創等，一個數位公民該有的資訊素養，的確是我們現在身為家長，最期盼自己的孩子能夠擁有的核心競爭力。從此，他們繼而可以了解未來充滿邏輯世界的運行道理，自主解

決自身與社會的各種問題，甚至創造未來。

　　這次我們選擇自己站出來，因為我們認為我們就是一群了解科技領域的專業人士；包含學生時代，身上早有超過 20 年以上的資訊素養，既然覺得教育部此次的科技課綱未盡完善，何不自己擔起責任，共同協助教育部與學校老師，共同培育青少年，支持青少年有能力自己處理未來充滿邏輯的世界，不論是解決未知問題，或是為社會創造一個新演算法，協助更多人解決更多問題。

　　因此，我們在臺灣商務印書館的支持協助下，很快地組成了資訊素養聯盟 (Info-parenting)；我們號召了 15 位業界父母，重新解構再結構 108 科技課綱，並放進我們多年的資訊素養（呵），冀望讀者能一次搞懂科技課綱內涵；簡言之，課綱不是要大家學寫程式，而是要培育運算思維與資訊素養，正如前述張忠謀先生所說的「不被 AI 取代的能力」。

　　這是一本給青少年、家長與老師的課綱輔助書籍，我們努力用最平常的語言，最被知曉的案例，寫出資訊素養拗口的意涵。期待讀者以看故事書，或翻閱新聞資訊的輕鬆心態，閱讀並理解資訊素養的基礎知識（或說是基礎知識的基礎，呵）。

　　我們這群資訊業界父母既然踏出了第一步，也不會就此停住；我們的計畫是持續影響號召更多有相同目標的朋

友（父母），在這條教育培養道路上共同前進，用我們擅長的平台力與運算力，大家敬請拭目以待！

1

科技
遠比你知道的發達

資訊科技如何衝擊你我的生活

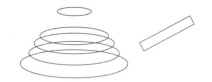

　　捷運站上人手一支手機，網路上 Youtuber、Instagrammer、宅男女神、素人明星隨處可見，他們拍照錄影生產高畫質的影片揮灑夢想，20 年前的人很難想像 2019 的今天這些已經是理所當然的事情吧？ 20 年後的世界又會是什麼樣子呢？想來很多人會覺得茫然不知吧！在科技發展的過程中，從「茫然」到「理所當然」似乎是自然地發展，但其間可是跨越了一道大鴻溝。

　　一直以來，科技普及的速度不是等速的。每一個新科技的誕生，也等同人們認知的改變，科技的普及時慢時

快，慢的時候非常難以察覺，快的時候則會從本質去改變
一切！改變的前期晦暗不明，很難體驗到科技的衝擊，
只有極少數人願意研究跟嘗試，而晚期則是人人皆能體驗
科技，科技已經深入生活，大眾的認知也全面改變。科學
與科技發展有一定的必然性，但人們的認知未必跟得上改
變，所以才會有「茫然」到「當然」的巨大鴻溝。其實，
科技遠比你知道的發達！

在這科
技的浪潮中
我們應該要
如何自處？
每個科技的
擴散都如同
一道海浪，
一開始只是
水面上湧起
一點點高度

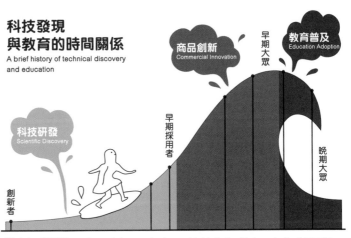

圖 1-1　　資料來源 https://www.windpowerengineering.com/electrical/national-instruments-sites-7-technology-trends-2014-can-accelerate-productivity/

的水流，隨著潮汐變換，也許形成銳不可擋、聲勢浩大的
巨浪，也許迅速地消失得無影無蹤；你我都是海上的衝浪
者，也許順著一道長浪可以衝得老遠，也許不情願地被大
浪打翻滾落水中，或許趴在浪板上隨波逐流，卡在浪與浪
的鴻溝間呢！

我們是否可以根據現今推估未來呢？趨勢雖然銳不可擋，但其實是有跡可尋的。當我們假想未來，試著從中尋找自己在未來的定位與生存之道吧！如何從中尋找自己在未來的定位呢？讓我們先從浪的覺察開始吧！以下我們將介紹在資訊領域中，數個科技擴散的實例，讓大家體會什麼是科技浪潮。

算力隨處唾手可得

「算力」這個詞對很多人來說或許還很陌生，不精準的解釋是計算能力，也就是資訊處理的「執行能力」，小從加減法的計算，大到程式的執行都需要算力。提供算力的裝置我們稱作處理器 (CPU / GPU)，處理器與算力已經普及超過四十年：

■ 1970 年處理器技術開始走出實驗室進入人們的生活，處理器開始量產及商品化。

■ 1999 年桌上型電腦普及，處理器的銷售讓 Intel 營收創下歷史新高，幾乎所有人都認知到處理器（CPU）是電腦的心臟。

■ 2004 年處理器的時脈速度好似如日中天，為了讓算力可以再提升，多核心的處理器問世。同時，在

4

向量計算運算能力方面，圖形處理器 GPU 已經大幅超越 CPU。

■ 2007 年 iPhone 出現在眾人面前，計算裝置不再是很重且需要仰賴插頭的笨重東西，而是可以待機一天以上的手持行動裝置。

■ 2012 年樹莓派（Raspberry Pi）的 ARM CPU 單晶片電腦上市，學生可以用很低的價格購買硬體並且在上面開發軟體應用。

■ 2017 年適用於個人研究使用的 GPU 發布，許多研究者及公司廣泛用於深度學習的工作。

■ 2019 年 IBM 在消費電子展 CES 上展示了已開發的世界首款商業化「量子電腦」。

名詞解釋

1. 時脈：時脈是一個很重要的數字，表示處理器一秒鐘可以跑幾個運算單位（GHz：十億，MHz：百萬），所以時脈越高通常代表處理器效能越強。

2. 樹莓派（Raspberry Pi）：是一種單晶片電腦，由英國樹莓派基金會開發，目的是以低價硬體及自由軟體促進學校的基本電腦科學教育。

現在，舉凡你我的電腦、筆電、手機、提款卡、手表、相機、數位隨身聽、播放器、電視機、監視器、遊戲主機、

汽車等，幾乎所有裝置都已經數位化，且裡面都至少有一顆處理器存在，因為這些裝置都需要有計算能力處理資料或連接網路的需求。

1973　　　　　　　　　2016

算力的成熟可以做的事情已經超乎你想像：

■ 你可以利用試算表管理你的資產並快速的算出每月的結餘。

■ 你可以寫程式創造一個遊戲讓你的朋友或孩子玩樂。

■ 你可以買到極為便宜的 Raspberry Pi，並結合硬體裝置做出一個掃地機器人。

■ 你可以撰寫演算法分析大量的股票交易數據並作出未來趨勢預測。

■ 如果你有足夠多的人臉照片，你可以利用高度平行計算的 CPU 訓練出人臉辨識的人工智慧。

現今，人們對於量子電腦還處於茫然不解的階段，

但對行動裝置
的計算能力卻
是覺得理所當
然。2019 年處
理器的單價已
經低到幾塊美
金，物美價廉
既省電又不占
空間，而且效
能非常的好。

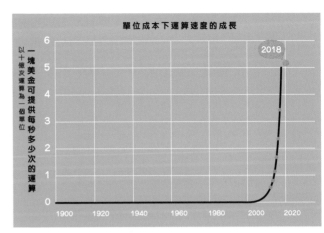

圖 1-3　算力普及且越來越廉價。

「算力」這道長浪沒有停息而且還在持續推進著，但量子
電腦的出現對未來又投入巨大的變化！多數人都有足夠的
金錢與資源支付購買算力，你知道擁有算力的你可以做什
麼嗎？（這個問題在後面的篇章我們還有更多的探討）你
是這個資訊技術的前端使用者還是末端的使用者呢？你衝
這道浪嗎？我們將在第二三四章中介紹更多程式設計的概
念，讓您了解如何利用算力！

資訊擴散速度飛快

　　1950 年通訊研究者開始讓電腦互相連線來處理資訊
問題，1996 年 Internet 網際網路名詞出現並成為專有名

詞，ＷＷＷ 全球資訊網成為大家獲取資訊的一個重要管道；2016 年網際網路已經成為跟電話一樣眾人皆知的一般事物，因此 internet 當中的 i 不再需要大寫。由此可知大眾已經對網際網路建立認知，它不再是一堆電線連著電腦，而是一個龐大的虛擬世界，數以億萬計的資訊在虛擬世界中飛快地傳遞並且以網狀的方式擴散著，世界資訊傳遞的速度與量都已經是天文數字：

虛擬世界資訊是資產，
網路跟算力是載體。

■ Youtube 一天有 8 億次的網頁瀏覽數。

■ Twitter 一天會發出 5 億則推文 tweet。

■ Wikipedia 一天有 1.7 億次的網頁瀏覽數。

■ LINE 每個月在臺灣的活躍使用者約 2100 萬人。

網路的成熟可以做的事情已經超乎大家的想像：

■ 你可以隨時使用 LINE 在網路上與 20 年前的同學們
聊天開線上同學會。

■ 你可與一堆專業人士在 Wikipedia 上共同編輯人類史
上最巨大的百科全書。

■ 你有機會成為自媒體，成為網紅傳遞資訊到自由世界
的每一個角落，你可以在臉書發布一則貼文讓百萬到
上億的人看到你的文章，也可以直播讓他即時知道你
的現況。

■ 你可以寫一個 App 讓人們利用網路在虛擬世界中認
識、交友、甚至找到真愛。

■ 利用網路串聯數百臺電腦算力建立一個足以跟世界棋
王匹敵的人工智慧。

網路讓資訊可以持續流動，行動網路的普及讓資訊傳
播沒有死角且速度還在持續提升。可以預見的未來，當行

動網路 5G 讓連接上網的成本極低時，各種需要資訊交流的裝置都會連上網際網路，你我都有能力讓世界中的任兩個計算裝置相互連接，那時你想做些什麼呢？網路這道巨浪正在翻天覆地地改變每個人的生活！

電腦不再是笨蛋

讀者覺得智慧是什麼？ 2000 年世代的讀者可能很好奇為什麼現在的行動電話叫「智慧型手機(Smartphone)」，那過往沒智慧的手機又叫什麼？智慧型是個聳動的名詞，非常適合用於商業行銷，讓大眾知道智慧型手機與過往功能型手機（Featue phone）有明顯的差別運算能力，其功能更為強大！這種所謂的「智慧」表現，也一直在升級，超越原有的設計水準。從一開始讓人讚嘆巧思，到現在經常讓人忍不住直呼恐怖，「智慧」的表現已經超越了我們的想像。面對這種智慧，我們必須重新建立新的認知，才能思考這種「智慧」還能有哪些可能。讓我們看看歷史的軌跡吧！

- 1997 年人工智慧 IBM 深藍電腦打敗了當時世界西洋棋冠軍加里・卡斯帕洛夫。
- 2011 年人工智慧 Siri 問世，語音互動的自然語言處

理技術商品化。

■ 2011 年人工智慧 IBM 電腦問答系統華生參加綜藝節目，在節目最後一集裡，華生打敗了最高獎金得主布拉德・魯特爾和連勝紀錄保持者肯・詹寧斯。

■ 2012 年人工智慧 AlexNet 在人臉辨識上大躍進提升正確率 10%。

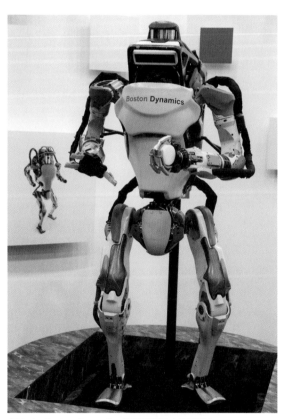

■ 2012 年美國內華達州為 Google 的無人駕駛汽車頒發了一張合法車牌。

■ 2015 年人工智慧人臉辨識的正確率已經超越人類正確率來到 99.5%。

■ 2016 年 Boston Dynamics 發表雙足機器人，其已

圖 1-4　Boston Dynamics 發表的雙足人形機器人。

經非常擅長在各式的地形上行走，包括雪地。

- 2016 年人工智慧 AlphaGo 在圍棋比賽中以 4:1 的
  高分擊敗了世界大師級冠軍李世石。
- 2018 年 Google 首款自駕叫車服務 Waymo One 上
  市，在美國鳳凰城正式上路。
- 2018 年中國利用人工智慧與監控錄影機管控人民行
  為。

上述不少的成就中，人工智慧的表現已經超越人類，這已經不是人類仰賴學習或是模仿可以達成的結果，某些領域電腦不再是笨蛋，更深入地說我們必須學著與人工智慧相處，因為它能幫助我們讓結果更好！這道湧浪在 1997 年仍然只是外海的暗流，2018 年也可能只是巨浪的前沿剛剛透出一些端倪，你相信這個技術創造的未來嗎？你開始滑水跟上這道長浪了嗎？我們將在第五章探討更多人工智慧的背景知識。

資訊科學知識普及的巨大鴻溝

資訊科學知識到底有多少種層次呢？如果我們討論的不是電腦而是一臺電視機，其實大多數的人都不知道也不想知道電視機硬體的運作原理，你我也許都會將自己的掌握度停留在通識的階段，「我只要會應用就好，不需要知

道細節是什麼。」但你知道電腦跟電視機有個巨大的差別嗎？抽象地說，電腦是用來獲取、處理、傳遞資訊的媒介，但電視機只是單向獲取資訊，可應用的深度跟電腦有很大的差別。當我們說一個人很「擅長電腦」，其實可以分很多種層次。接下來我們就以筆者這 20 年來學習資訊科技的歷程，簡單了解其間的差異與發展。

▎層次 1

一開始對電腦完全沒有概念，父母也不懂電腦，因為覺得未來是電腦時代所以就請父母買了臺電腦給我，開始基礎學習。

▎層次 2

我學會多元應用電腦——可以用 Windows 播放音樂，也可以使用 DOS 指令做各種檔案操作，可以開啟各種我想

圖 1-5　各式 App 是工作生活的好夥伴

玩的遊戲程式，也會使用 Word 或 Excel 來製作文件與表單計算數值。我也會使用智慧型手機安裝 App，會拍

影片分享到 Youtube，也能在 Google search 中找到我要的資料。

▌層次 3

我不喜歡被設計好的軟體局限我只能做這些軟體安排好的功能，所以我開始自學程式語言 C++ 學習物件導向，也學會開發程式，例如寫一個通訊錄管理軟體來管理我所有朋友的 email 跟電話號碼。

▌層次 4

因為想學習更深的技術，我開始在學校學習相關的知識，例如：數學、資料結構、演算法、計算機網路、設

程式語言與運算思維
是進入專科層次必學的東西

圖 1-6   過往資訊科學掌握可以分為幾個層次，通識與專科有著巨大鴻溝。

計模式，這些啟蒙讓我可以設計出精良且執行迅速的程式碼，絕大多數的程式我都能實做出來。

▌層次 5

演算法給我很多的啟蒙，讓我知道原來資訊世界那麼多采多姿，我始終對如何創造一個聰明的程式深感興趣，於是我開始學習人工智慧的技術。給我上百張的照片資

料，我可以找到一篇論文並根據論文中描述的模型訓練人工智慧；最後，給人工智慧一張照片它能幫我找到照片中的人臉。

■ **層次 6**

我可以設計新的人工智慧的模型，解決無人能解決的問題，我對電腦非常擅長。

以上的故事可以讓「電腦很擅長」分成幾種層次，每一個層次對資訊技術的掌握都有些落差！

從操作 Excel 管理數據、撰寫程式管理通訊錄到創造人工智慧辨識人臉照片，這些都是資訊處理需求，通用廣泛的需求都會被設計成軟體產品來讓人們使用，而越深越複雜的處理流程就得需要我們自己著手來創造程式解決問題。在 2019 年的今天，寫程式 (層次 3, 4) 慢慢不是專科大學生才會有的知識技能，過去這些技術只有少數的族群能擅長掌握，但未來這個巨大的鴻溝還會如此嗎？

什麼趨勢不可逆？

趨勢通常是不可逆的，趨勢是滔天巨浪銳不可擋！我們來看以下這兩個明顯的例子：

▊ 鋼筋混凝土

1849 年人們開始使用鋼筋混凝土建築之後，高層建築與大跨度橋梁的建造成為可能，建築師、建築工人開始學習如何使用鋼筋混凝土來建造樓房與大橋，除非特殊的需求，人們漸漸減少使用木頭建設新的建築，鋼筋混凝土的趨勢不可逆！

▊ 數位行銷

十五世紀時，人們開始使用紙張印刷廣告來宣傳販賣教會圖書。史上第一支電視廣

圖 1-7　1913 年登在報紙上的一則印刷廣告「來買百科全書！」
由 Encyclopædia Britannica - scanned by Infrogmation, published on en WP, 公有領域，
https://commons.wikimedia.org/w/index.php?curid=41777

告是在 1941 年 7 月 1 日晚間播出，電視廣告的行銷擴散程度因為電視的普及又提升到另一個量級。過去媒體廣告的成效很難被追蹤，我們只能從收視率與銷量來評估一個廣告可能的成效，但數位廣告 Digital marketing 打破了這個困境，將行銷提升至另一個層次，它可以做到以下媒體廣告做不到的事：

○投放哪些受眾看到廣告

根據使用者興趣偏好精準找到會消費的人

○投放受眾看到廣告的時機

找到最可能促使成交的時機點

○統計廣告展示後是否產生互動的反應

點擊連結追蹤到是否在購物時成交

 臺灣商務印書館

贊助 · ◐

🔥日本學者挑戰您以為的中國史🔥 全套12冊限時特惠收藏

👉立即收藏最完整的史學巨作 https://lihi1.com/6NvTM/fb

1～12冊，開學前限時特惠3,999元！

✓日本老牌出版社 講談社，百年創社磅礡歷史大作…… 更多

圖 1-8　數位廣告

　　因為精準與可衡量績效的好處，數位廣告的趨勢將不可逆！關鍵就是如何掌握消費者屬性與廣告互動結果，誰能利用這些資訊精準投放廣告並提升績效，誰就是行銷的王者，Facebook、Google 就是目前的王者。

　　上面介紹的幾波資訊科技浪潮能總結兩個不可逆的大趨勢：

1. 資訊爆炸，算力跟網路的普及，使得世界不斷在數位化中，資訊量與複雜度已經前所未見。

2. 資訊處理能革命性發展，人工智慧趨於成熟，多數低技能門檻的工作將由電腦代勞。

　　可以預見在未來，「生存」需要更多的資訊科技知識，創造與設計「資訊處理方法」將成為主要知識技能，而撰寫軟體與程式設計則是創造方法的手段，這些知識技能將由專科知識轉變成通識知識！看到資訊科學的巨浪你我該怎麼準備呢？

面對充滿科技巨浪的未來，我該怎麼辦？

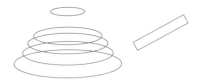

了解科學、科技、工程、商業、人性彼此的關係

　　科技的本質是什麼？為什麼學習科學跟我的生活那麼具有脫節感？　我們得先觀察現今社會中，科學、科技、工程、商業、人性彼此的關係。「科學」源自於「人性」的求知慾望，人類透過研究萬事萬物的現象與規律來總結出知識，知識可以用來解決人性需求產生的問題，解決問題的產物就是「科技」，而「工程」著重於探求工法來實踐

科技，當科技滿足需求並且得到人們在價值上的認同時，人們願意支持「商業」支付金錢，商業得到資源可以再次挹注於工程產生新的循環，這就是人類文明推進的方式之一！

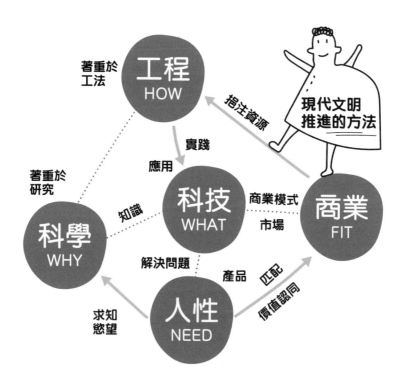

　　為什麼筆者要說明彼此的關係呢？因為每個環節都有個別動機驅動著，研究科學是因為對未知真理的渴望，了解人性讓我們嘗試更覺察彼此，為了提出解決問題的方案設計科技產品，學習工程是找出實踐科技應用最有效的

方法，探索商業可從產品與市場中找到平衡並得到延續發明的資源。人類生存其實是在上述的環節中找到自己的定位，喜歡探索未知、喜歡了解人性、喜歡實踐應用、喜歡創意設計、喜歡洞察市場，你是哪一種？面對充滿科技的未來，你我得先從自己出發了解自己對哪個面向充滿熱情，對哪個領域具有天賦，對哪種行為具有行動力；找到自己的動機與使命更能有效在未來「生存」！

資訊科技素養

趨勢不可逆，未來是資訊科技的時代，處理資訊的方式也快速地改變中，面對這巨浪最好的方式是從自身動機與使命出發。本書將針對資訊科技的各個面向進行介紹，從資訊基礎的「運算思維」出發，過程中將探討「人工智慧」的發展與現況，也嘗試介紹資訊科技如何以「系統平台」思維解決問題，介紹資訊科技如何「應用」帶給人們便利，最後會探討資訊科技如何與「社會」互動。本書試著讓讀者從書中了解到什麼是資訊科技，閱讀過程是培養「資訊素養」的開端，期待讀者您可以從閱讀的體驗中找到樂趣甚至成就感，這個樂趣的種子可以成長茁壯並幫助您找到自身的生活方式與使命，最後，您能在這個資訊社會優游，也能向世界交付你的價值！

數位世界裡
被傳輸的資料長什麼樣？

資訊領域的課綱裡出現多次資料、資訊等名詞，在數位世界裡，所謂的資料是什麼樣子呢？跟我們的生活有直接的關係嗎？其實，資訊教育就是要讓我們能將生活中的事物結構化、架構化地理解；你會發現，整個世界是如此的有結構，原來這世界是可以被拆解的。若能將這個能力融入生活之中，便能幫助我們用分析與辯證的方式來了解事物，在學習資訊相關專業時，例如程式，會有很大的幫助。就以資料與資訊這兩個名詞來說，前人已經架構了一個 DIKW 體系——就是資料 (Data)、資訊 (Information)、知識 (Knowledge) 與智慧 (Wisdom)，我們就從最簡單的兩個看起，來看看知識與資料有什麼特殊的關係，又有什麼樣的不同。

2₁

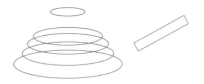

人類的文明史
從資料記錄開始

「科技始終來自於人性」，這句廣告詞大家朗朗上口，時常被引用。仔細想想，很多發明的動力都是因為我們想要更便利的生活。遠古時代的人們只能透過口耳相傳，一代一代傳遞訊息。但漸漸的，人類的需求越來越多，有了更多的溝通交流，需要記錄下來的事情也就越來越多，僅憑口述記憶是不夠的。所以人們就開始嘗試用不同的方式將重要的事情記錄下來。

我們試著回想一下古代人的記事方式，可能是結繩，就是在繩子上打結，用繩結的大小、多寡和位置來表示

不同的意義；也有人會在洞穴壁上以圖畫的方式來做紀錄。因為年代久遠，古代繩子幾乎無法留存到現代，所以我們看不到實際古代結繩記事的遺物。但洞穴內留下的圖畫，真實地呈現出古代人記錄事情的遺跡。之後，為了讓大家互相看得懂不同的人所做的紀錄，漸漸出現

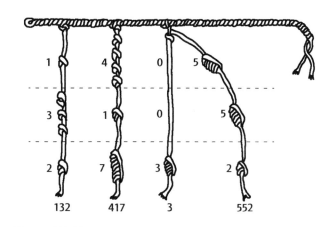

圖 2-1　結繩記事

圖 2-2　甲骨文與簡冊

了文字，最早是將文字刻在龜甲、獸骨上，後來也陸續演進到將文字記錄在竹片上、紙上。

　　這些種種被流傳下來的文字或圖案，甚至結繩等都可以說是資料的一種，留下資料當然是希望之後能夠被解讀，希望對後來的人有用。資料有各種形態，例如各式大小不同的繩結，文字或數字，也有一些是由特定的符號所組成或是各種圖形的組合，以往這些資料都是眼睛看得到的形態。

　　進入資訊化世界以後，「資料」不再僅存於書本上，也開始存放在眼睛看不到的地方，例如電腦中的文件、遊戲、音樂、照片；手機中的 App、聯絡人、電話簿等等。甚至，無所不在的在我們生活中傳送著，例如家裡的無線訊號、收音機接收的訊號等。這些資料正透過各種不同的方式出現在我們的生活中，完全融入了我們的生活，只是我們沒有意識到。

2²

資料、資訊
傻傻搞不清楚？

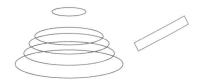

　　資料的形態很多樣，只要有記錄下來，就是資料。但資料本身不一定有意義，或者說不一定能被看懂。一堆文字寫滿一張紙就只能算是資料，因為這些文字可能沒有辦法被解讀，也可能沒有代表任何意義，只是一堆符號的積存；但不管能不能被解讀，都算是資料。

　　而「資訊」——就是能被理解的資料，資料有了意義才形成資訊。例如一篇德文文章，若給了一個不懂德文的人，就只是一筆文字的資料，還不到資訊的等級。但若這篇文章交給懂德文的人閱讀，這文字資料就成了有意義的

內容，對於這個人來說這些文字不再只是單純的資料，而是擁有內容的資訊，可以被解讀者所掌握。再舉一個簡單的例子——天氣，每天的氣溫、溼度、風向、日出日落的時間等都可以被確實的記錄下來，但累積了數年的資料，若不去解讀，這些紀錄就僅僅是「資料」。但只要透過有系統的整理、統計、分析等過程，就可以整理出這些數據與時間的關係，形成「資訊」，人類對天氣的了解就能越多。「資訊」再透過專家的分析與歸納予以意義，就會轉成「知識」，讓更多的人知道相互間的關係；專家們還可以從這些「知識」中開始利用不同工具來做「預測」未來天氣的事情，提升到「智慧」的格局。

我們可以用 DIKW 模型來總結以上所說的概念，讓大家對於資訊科學的層次有更清楚的概念。DIKW 模型是一個可以幫助我們理解資料（Data）、資訊（Information）、知識（Knowledge）和智慧（Wisdom）之間關係的模型，這個模型還向我們展現了資料是如何一步步轉化為資訊、知識、乃至智慧的方式。

「資料」可以以數字、文字、圖像、符號等方式存在，它直接來自於事實，可以通過原始的觀察或度量來獲得，不過並不包含任何潛在的意義。但在通過某種方式整合和分析資料之後，資料有了意義，就變成「資訊」。這些資訊可以告知我們訊息，譬如：誰？什麼？哪裡？什麼

時候⋯⋯系統化後的資訊能解決一些問題，就成了有用的「知識」。而在累積了足夠的知識後，具有面對未來，能預測及解決問題就到了「智慧」的層次。

　　回到 108 課綱，學生由淺漸深地學習資訊科技領域相關基本資訊後，具備了相關的知識，透過實際的應用與生活中的體驗，而將資訊知識融入生活之中，進而培養出利用資訊能力來解決問題，這就是 108 課綱所提到的「素養」的概念，也就是有機會進一步昇華成為智慧（Wisdom）的階段。

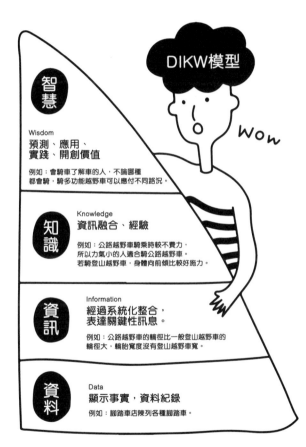

DIKW模型

WOW

智慧
Wisdom
預測、應用、實踐、開創價值
例如：會騎車了解車的人，不論哪種都會騎，騎多功能越野車可以應付不同路況。

知識
Knowledge
資訊融合、經驗
例如：公路越野車騎乘時較不費力，所以力氣小的人適合騎公路越野車。若騎登山越野車，身體向前傾比較好施力。

資訊
Information
經過系統化整合，表達關鍵性訊息。
例如：公路越野車的輪徑比一般登山越野車的輪徑大，輪胎寬度沒有登山越野車寬。

資料
Data
顯示事實，資料紀錄
例如：腳踏車店陳列各種腳踏車。

2³

數位資料

　　在以紙本為主的世界裡，很容易理解「資料存在紙本上的概念」。但在現代這個資訊時代，資料存在的方式改變了。以前原本存在紙上的資料改存到電腦中變成了「數位資料」。這不僅僅只有文字而已，音樂、照片、影片等也都存到電腦中。這個將資料存到電腦的過程稱為「資料數位化」，資料透過不同方式傳遞到不同電腦的過程稱為「資料傳輸」，這些數位名詞現在經常出現在我們的生活之中。

　　在開始說如何將資料存到電腦之前，我們要先了解一

下電腦儲存資料的簡單原理。電腦的運作中，最基礎的運作方式就是二進位，所謂的二進位就是所有的資料都用 0 與 1 來表示。我們的生活中，通常都是十進位，例如從 9 加 1 就進位成 10 的兩位數，19 加 1 會進位成 20；99 加 1 會進位成三位數的 100。而 2 進位則是 1 加 1 原本是 2，但因為每逢 2 就要進位，所以在二進位中，2 會用 10 來表示。下表就是一些簡單的二進位與十進位對應的呈現方式。

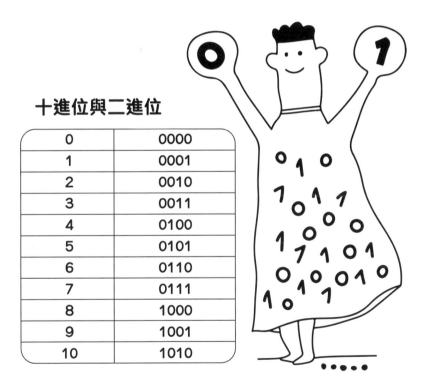

十進位與二進位

0	0000
1	0001
2	0010
3	0011
4	0100
5	0101
6	0110
7	0111
8	1000
9	1001
10	1010

　　為何最早的電腦要採用二進位呢？簡單說的話，是跟費用有關，其實電腦也可以做成十進位，但因為電腦之中，所有的運作都跟「電」有關，電在各種線路中都會有耗能造成誤差，若我們要將電分成 10 個等級來做成 10 進位，勢必會因為這些誤差造成錯誤。所以科學家們利用二進位的方式，將這些訊號只分兩種狀態也就是 0 跟 1，這種方式可以讓電腦的設計變得簡單且很有效率，相對的成本也大幅降低。雖然會跟我們生活上常用的十進位不同，但因為這個精簡的設計，讓電腦演進更快，更為普及。

　　我們**將資料儲存在電子設備的過程就是將資料數位化**。而那些可以從電子產品中自由領取出來的資料現在也有很多元的處理方式，顯示的方法也不再只限於以前的文字或圖片，現在甚至可以用聲音、影片與音樂來呈現。

圖 2-3　北韓國慶排字秀。

　　有見過像上圖 2018 年北韓慶祝 70 週年的排字秀嗎？

照片中的文字是由很多人所排出來的，有的人戴紅色帽子，有的人戴白色帽子。從科技領域的觀點來看，這些表演的人就如同上述提到的二進位，0代表紅色，1代表白色。人就等同於是電腦中的一個「位元」，能呈現出電腦中0與1的排列組合，這個利用紅白排列出來的圖形，其實可以視作是一筆「資料」呈現給觀眾，當觀眾可以透過這個圖形，看懂了資料所要表達的意義時，這資料就轉化成對觀眾有意義的「資訊」了。

我們再簡單的整合一下資料的數位化及資訊化。電腦內所儲存的資料，是一堆不同狀態的「位元」所組合而成的，專家們會依照事先設定好的格式存放到電腦中。專家們把現實生活中的資料轉換成不同狀態的位元，找出適合且有效率的格式存放到電腦中，例如圖檔、文字檔、影片檔等等。而這些檔案——亦即「資料」的內容，只要依照一些制定好的方法，就可以從電腦中解讀出來，轉呈現到螢幕上成為照片、文字、影像等，或者透過喇叭播放出聲音或音樂出來，透過人類的「閱讀」轉化成可以被理解的「資訊」。

▎儲存記憶體

生活中，手機跟我們息息相關，常常聽到有人抱怨手

機記憶體不足，怎麼下載沒幾個App就滿了，或者有人說，「我的手機記憶體不夠，所以 App 跑得好慢」；這些生活中常聽到的記憶體其實跟電腦的概念很接近。在電腦的世界，資料會存在硬碟中，執行時會將硬碟的資料讀取到記憶體來執行。在手機的世界，記憶體分成兩種，一種叫做 ROM，另一種叫做 RAM，這些名詞不用特別去記，只是讓大家知道分為兩種。我們裝的 App 會先存在 ROM 這種記憶體中，很類似電腦的硬碟，即使手機關機，這些 App 並不會被移除或者消失。當執行 App 時，這些 App 就會被讀取到手機中的 RAM 這種記憶體中運作。RAM 這種記憶體相對比較貴，所以手機的價格很明顯的跟 RAM 的大小有直接的關係。ROM 比較小的手機，能安裝的 App，可以儲存的音樂或者可以儲存的照片數量就會比較少。而 RAM 比較小的手機，同時可以執行的 App 數量同樣也就會比較少。例如有的人想要一邊聽音樂，一邊導航，又同時下載照片，可能還想切換到寶可夢的 App 看看附近有沒有神奇寶貝出現，若 ROM 不夠大，就會發生記憶體不足的錯誤訊息或者執行速度變很慢。

　　ROM 與 RAM 的切換過程，我們用書桌跟書架來舉例說明，大家就會更清楚了。平常我們會把書放在書架上，要看書的時候，把書架上的書拿到書桌來使用。想要同時參考好幾本書的時候，就會把這些書同時攤在桌子上。桌

子越大，我們同時可以攤在桌上的書就越多，找的時候或者要看的時候就很方便，不必一直要從書架上拿下來。手機、電腦也是這樣，手機上的 App 就像一本本書，平時都存放在書架上，也就是 ROM 中。當要執行時，就會將這些 App 搬移到書桌，也就是 RAM 中。RAM 越大，表示手機能用的書桌越大，可以同時讓多個 App 使用，切換時很順暢。若 RAM 不夠大，等於桌子很小，桌面已經被四五本書占滿時，要再放置下一本書時，需要先將桌上的書收個一兩本，騰出空間後才能將要看的書拿到桌子上來讀。像這樣先收書騰出空間再拿下一本書的過程，就會讓人覺得記憶體較小的手機有點卡卡的。

　　我們都希望桌面能越大越好，但是 RAM 相對比較貴，需要付出的成本比較高；例如用來做影片剪輯、音樂製作、美術設計的電腦，因為需要較大記憶體的 RAM 才夠用，所以就比一般只能上網、做簡單文書處理的電腦要貴很多。手機商一般也是依照手機高階、低階的定位，找出價格與記憶體空間的平衡點。

▌檔案格式

　　從二進位談到了儲存的記憶體，接著來談談存放在手機或者電腦中的「數位資料」。在我們的生活中，數位資

料比較常見的是存在電腦的硬碟中，或者手機的 ROM 中，儲存的型態就是我們常聽到的「檔案」，這些檔案有數種不同的格式，開發軟體的工程師們就依照這些格式去開發工具來解讀這些「檔案」。例如影片播放器，就必須有讀取多種影片「格式」的能力，有了這能力才能開啟影片檔案並播放，透過螢幕與喇叭，使用者就可以看到聽到這個影片檔案內所記錄的畫面以及聲音。

另外一種類型的數位資料也在我們的生活周遭，就是網路。網路傳輸隨時隨地就在生活中存在著，例如家裡的無線網路、公司的電腦，甚至你我的手機。這些數位資料此時並不是乖乖地存在電腦或手機之中，它們其實是透過人們制定好的規範，以訊號的方式透過網路線，或者無形的訊號在空間中散布著。例如：家裡的無線訊號基地臺透過天線與家中的電腦跟手機連結著，經由無線訊號的傳遞以及家中所申請的網路，讓電腦與手機可以連結到全世界，您的手機可能正在看的是遠在美國某臺主機上的美劇影片，也有可能是放置在新加坡某臺主機上一位法國攝影師所拍的照片等，這些數位資料，透過網路訊號的傳輸，一棒一棒的傳遞到你我的手機或電腦上。

	型態	使用情境例子	可能存在於	常見格式	反例 非數位資料
一般可見的數位資料	聲音	透過手機播放串流音樂。 透過電腦播放電腦中mp3的聲音檔。 ……	家中硬碟 手機記憶體中 記憶卡隨身碟 透過網路傳輸	mp3 aac ape flac	錄音帶 黑膠唱片 ……
	影像	透過手機觀看剛剛拍的照片。 上網看到的網站圖片。 ……	家中硬碟 手機記憶體中 記憶卡隨身碟 透過網路傳輸	jpg png tiff ……	照片 底片
	影片	透過手機觀看Youtube影片。 透過電腦播放朋友傳來的影片。 透過手機看家中網路攝影機所拍的貓咪畫面。	家中硬碟 手機記憶體中 記憶卡隨身碟 透過網路傳輸	avi mp4 mov vmv	傳統電影 膠卷 ……
	文件	用word編寫下週要交的作業。 聽演講時，講者在大螢幕上投影出來的簡報檔案。	家中硬碟 手機記憶體中 記憶卡隨身碟 透過網路傳輸	doc ppt txt cvs pdf ……	書籍雜誌 影印資料 ……
平時不可見的數位資料	無線訊號	透過手機打電話。 透過遙控器控制電視。 ……	在空間中傳輸，眼睛看不到，透過儀器可以偵測得到。	
	有線訊號	當手機或者電腦上網時，透過網路傳輸的資料。 上網時，閱讀的內容從雲端透過網路送達到你的手機端。	透過線路傳輸，例如網路線。	
	資料庫資料	在網路商城購買東西的紀錄。 網站註冊時留下的資料。 便利商店結帳存下的紀錄。 ……	硬碟或記憶卡等儲存載體中。		手寫筆記 紙本表格 ……
	非人類直接閱讀的資料	電腦或者手機中所執行的程式。	硬碟或記憶卡等儲存載體中。	

2⁴

銀行智慧客服機器人
資訊的表示與處理分析

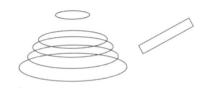

　　根據國際研究顧問機構 Gartner 的分析與預估，到了 2021 年，超過 50% 的企業在智慧客服機器人的投資將 會 超 過 傳 統 的 App。LINE、Messenger、WeChat、Whatsapp 等通訊軟體因為方便使用、容易連結人與人、整合社群等特性，早已經成為我們日常生活中不可或缺的一環，而這些平台上模擬真人應對的聊天機器人 (ChatBot) 越來越多，企業們也開始希望能將這些聊天機器人轉型成智慧客服機器人以增加品牌能見度及提升服務品質與效率。若能透過智慧客服機器人在與使用者聊天的過程中了

解使用者，解決使用者目前遇到的問題，甚至更進一步，能投其所好地透過這些通訊軟體發送個人化的商品推薦、專屬優惠，對公司來說助益不小。由這些智慧客服機器人擔任第一線的客服人員，初階的客服工作交給機器人來代勞，就可以讓人力轉做深度客服或是訓練更厲害的客服機器人等更有價值的事情。

講到這邊，或許會覺得太神奇了，我們透過這些智慧客服機器人在問答時，明明就是用我們的語言在跟它對話，之前不是說電腦都是採用二進位運算

嗎，那它怎麼看得懂我們在問什麼呢？

　　我們就以銀行的客服機器人為例來作說明。首先我們需要真正的專業客服人員，先蒐集使用者可能會問的問題、可能會有興趣的產品資料……做有系統的整理與分類。這些資料就成為訓練客服機器人的「教材」。開發客

服機器人的工程師們會透過不同的系統與技術，將使用者輸入的整段文字，透過這系統去「斷詞」，分析成為段落、大綱或者簡明的摘要等等。

目前正蓬勃發展的「自然語言分析 (Natural Language Processing)」技術，就會將使用者的文字轉成容易了解的格式後進行分析，例如：「我想買1萬美金」，就可能會被拆解為 {意圖：「買」，產品：「美金」，數量：「1萬」}。再透過語意的分析，去分析出這段文字或者對話裡內含的意思，這整個過程與語言本身的文法、特性、所在文化等息息相關。系統在分析的過程中，一定都曾發生誤判，因為每種語言的特色各不相同，即使是一個相同的意思，每個使用者所表達的方式也都不一樣。更有甚者，例如中文博大精深，一個字代表多個意思，組合成詞與句子時，一樣的文句還可能代表不同的意思。舉例來說：「我喜歡一個人」這句話，可能代表的是「我喜歡某個人」；同時也可能代表「我喜歡單獨一人」。因此在不同的情況之下，語意的分析在短期內可能需要專家在旁協助矯正，當分析系統誤判時，能即時介入矯正成正確的答案。另外長期配合大數據統計使用者的回饋以及人工智慧技術的介入，讓系統能自我學習如何斷詞斷句，提高猜中使用者所想要表達的意思的準確度。

上述提到的猜，其實就是一種讓電腦讀懂的概念，當

使用者寫下一段文字之後，電腦透過剛剛提到的各種系統與技術分析比對可能代表的意義，將分析後的結果轉成百分比，就以剛剛「我想買 1 萬美金」這句話來説，系統經過分析後，判斷使用者的這段文字有 95.3% 的可能性是在問購買美金的問題，4.7% 的可能性是想購買黃金（此例的百分比跟分析結果僅是舉例，並非實際數據），電腦就能利用這些數據來「猜」中使用者所要表達的意思，接著再從之前客服專家們已經事先準備好的題庫中找到適合的答案提供給使用者，例如：提供美金最新的匯率以及現在正有購買美金免手續費的優惠等，甚至還能提供選項讓使用者可以接著繼續互動，導引使用者繼續與智慧客服機器人互動下去。

　　了解了數位世界的資料、資訊與資料處理後，我們接下來要繼續深入認識資訊世界，了解諸如這些智慧客服機器人的功能是如何發展形成的，還有哪些資訊科技是我們生活與學習時應該了解的重要知能。

1101101 01101110 01101101
01101110 00100000 0011000
0100000 00110000

C++

01101101 0
01101110
00100000 0011

大家都以為，資訊領域的課綱就是在教孩子們寫程式，但真的是如此嗎？什麼是程式語言？什麼是程式設計？語言和程式之間有著什麼樣的關係呢？這個章節將為您一一解密！

程式設計大解密

3¹

什麼是程式語言？

　　每年 5 月，是報税的季節。2019 年，國税局推出新的報税系統，不但操作介面變得更好用，而且報税時間大幅縮短，會有這樣的改變，據説是因為有一位「網路酸民」從抱怨「報税系統難用到爆炸」，到親自跳下來參與改造介面，協助讓系統的介面比起傳統的設計更好操作。這些「網路酸民」其實不一定真的會寫程式，但竟可以幫忙到設計程式，是不是太厲害了！大家常聽到「寫程式」，那麼這些程式是用什麼寫出來的呢？

我們都知道，語言就是大家在溝通時用的「工具」。例如一群不同國籍的孩子在玩捉迷藏之前，一定會先溝通遊戲規則，因為不同國籍，所以溝通的語言及方式可能就五花八門。那我們怎麼跟電腦溝通，讓它做我們要它做的事呢？當然也要用它懂的語言。對電腦使用的語言我們泛稱為「程式語言」。程式語言跟著電腦發展的歷史一路走來，應該有超過千種，現在常聽到的 Python、Java、Ruby、Swift 和 C 語言……都是程式語言的一種。也就是說，程式語言就如同英文、日文、中文……，種類很多，但都是溝通所用的工具。不同族群溝通時要找到能溝通的語言，程式語言也是如此，面對不同類型的機器及不同的系統環境，我們也會用不同的程式語言來跟電腦溝通。所以囉，寫程式的人就是用程式語言來呈現他所設計的程式內容。

插播小知識：

程式語言中，有分低階語言與高階語言，所謂的低階是比較貼近電腦的，反之高階是比較接近人的語言。我們以往最常聽到的 C 語言就是低階語言，主要是用來做驅動各種 IC 使它能在板端使用，所以我們幾乎不會看到用 C 語言來寫網頁；現在手機上最為主流的 iOS 與 Android，Android 系統之前採用的程式語言主要是 Java，現在有 Kotlin；而 iOS 系統則是用 Swift。怎麼知

道使用哪一種語言？其實主要還是端看寫程式的人想把這個程式用在哪裡，就選擇適合的程式語言。但就如同一個國家裡通行的不只有一種語言，例如馬來西亞，有馬來語、英語、印度話和中文，所以程式語言也不是那麼一個蘿蔔一個坑，不同的程式語言也可以寫出相同功能的程式或在相同的系統中使用。

程式語言
與資訊科技的運用

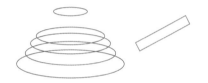

　　什麼是資訊科技？**資訊科技泛指由微電腦與程式控制的產品**。換句話說資訊科技的研究包括科學、技術、工程以及管理等學科，而資訊科技的應用包括了電腦有形的硬體和無形的軟體、網路與通訊技術等，另外相關衍生的軟體與硬體開發工具等都可以被包含在內。簡單的說，硬體就是你所看得到摸得到的東西，包含了電腦或手機本身，而軟體就是我們摸不到的，像是手機的 App 等等。108 課綱裡面將科技領域分為生活科技與資訊科技，前者比較偏硬體，後者比較偏軟體。所以我們這邊講資訊科技的運用

將著重在程式的運用為主。

如同上一節介紹程式語言時提到的，程式語言中並沒有一種語言是可以一統天下的，因應不同的環境就會選擇採用不同的程式語言來開發，**程式語言中的低階語言，指的是比較靠近電腦的語言，相對的就是高階語言**，比方說 2018 年使用率最高的程式語言 Python（請見圖 3-1），其多半都應用在網站開發、機器學習、資料分析等工作項目，一般很少會將其應用在 IC 的執行程式裡面；另外，PHP 則是應用於產生網頁，讓瀏覽器讀取。

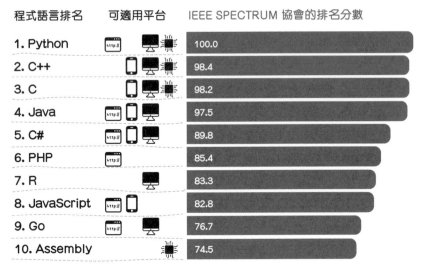

圖 3-1 IEEE 2018 程式語言排名

看到圖 3-1，有些人可能會疑惑，一般小朋友在學的 Scratch、App Inventor2 或是我們常聽到的 Minecraft 怎麼沒有出現在這排行榜中呢？原因是，小朋友剛開始學程式語言時，要可以流利的在鍵盤上敲出程式碼，同時又要能夠兼顧運算思維的邏輯，對孩子們而言是相對困難的。這時，一般就會使用俗稱的積木程式來教，讓他們可以先學習「運算思維」的邏輯能力。積木程式可以透過畫面立即看到自己寫的成品，會讓孩子有成就感。所以像 App Inventor2 可以讓孩子們做出 App，並在 Android 的手機裡面販售，讓自己的創意可以被其他人看到，孩子們就會樂於其中，享受創造的樂趣。只是在此要特別強調一下，這種積木程式嚴格說起來並不屬於「程式語言」，是屬於學習用的教具，距離真正的程式語言還差很多。當然我們也可以做搭配硬體的設計，讓國小中高年級的孩子可以使用 Scratch 在 Arduino 的板子上做些更厲害的事情。例如我們可以讓孩子學習用 Java 寫進 Arduino 去控制硬體，或是用 Python 寫進樹莓派電腦去讓孩子學習透過軟硬體來操作機器人，當然要到這個過程，懂的東西就必須更多，需要再多學習一些硬體電路的操作與規劃。不過，這些衍生的軟硬體都是孩子們學習時很好的教具。

名詞解釋

Scratch 是麻省理工媒體實驗室終身幼兒園組開發的一套電腦程式開發平台，旨在讓程式設計語言初學者不需先學習語言語法便能設計產品。

Python 是一種廣泛使用的直譯式、進階編程、通用型程式語言，由吉多·范羅蘇姆創造，第一版釋出於 1991 年。Python 的設計哲學強調程式碼的可讀性和簡潔的語法。

App Inventor2 是由 Google 提供的應用軟體，現在由麻省理工學院維護及營運。是一款類似 Scratch 拖拉式介面的 Android 智慧型手機應用程式開發軟體。

Android，常見的非官方中文名稱為安卓，是一種作業系統，主要用於觸控螢幕行動裝置如智慧型手機和平板電腦與其他可攜式裝置。

Arduino 是一個開放原始碼的單晶片微控制器，採用了開放原始碼的軟硬體平台，多建構於簡易輸出 / 輸入介面板，常被用在做教學上的簡易開發。

Java 是一種廣泛使用的電腦程式設計語言，擁有跨平台、物件導向、泛型程式設計的特性，廣泛應用於企業級 Web 應用開發和行動應用開發。

樹莓派 是一款基於 Linux 的單晶片電腦。它由英國的樹莓派基金會所開發，目的是以低價硬體及自由軟體促進學校的基本電腦科學教育

運算思維

前面提到，小朋友在真正學習程式語言時，最好可以先學習「運算思維」的邏輯能力。教育部也強調資訊科技領域課程要特別著重學生「運算思維」能力的培養。那麼什麼是「運算思維」呢？

運算思維就是以電腦的執行邏輯脈絡來思考問題並解決問題。再更簡單地說，是一種能利用電腦解決問題的思維，讓我們面對複雜的問題，能夠理解、分析問題，並思考可能的解決辦法。然後使用電腦、人或兩者都可以理解的方式來呈現這些解決方案。寫程式就是要讓電腦幫我們

解決問題，所以培養運算思維，除了有助程式設計的學習，最重要的還是強化了解決問題的能力。

　　當我們試圖在網路上搜尋運算思維，你可能還會看到運算思維包含了順序、條件判斷式、迴圈、集合、事件、平行等等。這些到底是什麼？冷靜一下，放下滿腦的問號，我們先來回想一下前面提到的捉迷藏，按慣例先確定遊戲規則，我們這次的玩法是：

①數到三，最慢離開地球表面的當鬼（就是要趕快跳起來喔）。

②鬼要站在一個定點轉五圈，然後從 1 數到 30，同時間大家可以開始跑開。

③鬼數完 30 後，開始找，人若被鬼用手拍到就算輸了。

④鬼如果找到所有人，鬼就贏了。

　　這個遊戲的過程就有用到上面所說的運算思維喔，以下說明。

運算思維與捉迷藏對照表

運算思維	捉迷藏
順序	玩遊戲的步驟與先後順序
條件判斷式	人若被鬼用手拍到就算輸了。也就是說就算鬼找到人，只要沒有被鬼用手拍到，就不算輸喔！這就是條件判斷式。
迴圈	直到所有人都被找到才結束，所以鬼找到一個人之後，還要再找第二個人……。
集合	要數到三才能跳且最後跳的人當鬼；找到人且鬼要用手拍到，才算鬼贏；這兩句話都屬於「集合」。 所謂的集合，就是「或」和「且」的概念。
事件	鬼要做的事情、要躲的人做的事情，在電腦的認知裡，都是屬於「事件」。
平行	不是只有平行四邊形才有平行的東西，這裡是指事件都是平行發生的，躲的人是同時一起躲的，並不是A躲完B才躲，這就稱為平行。

　　同樣的，在我們思考以下問題時，也都是大量地在使用運算思維。

■ 如何設計程式架構來符合這款遊戲的開發需求與流程？

■ 如何撰寫出執行速度快又節省記憶體的程式？

■ 如何採用其他人已經開發完成的程式模組與功能來完成我們的功能？

■ 如何採用其他人已經開發完成的程式模組與功能來完成我們的功能？

■ 如何撰寫程式碼讓其他的程式設計師容易理解與使用？

　　換言之，一個程式工程師必須同時利用程式語言及運算思維，才能進行程式設計。

　　「運算思維」如同邏輯，其實是無所不在的。在 108 課綱中，將程式教育帶進校園，並不是找老師與學生甚至家長的麻煩，也不是要讓大家都成為工程師，而是希望將這樣的思考方式與邏輯放進生活中。

　　運算思維在第四章演算法裡將會有更多的說明與實際運用，它是目前各種科技發展的核心能力，是資訊科技學習裡相當重要的一項素養（解決問題的能力）。

　　生活中要如何培養運算思維呢？以學生為例，在成長的過程中，大人應該盡量放手讓孩子去完成他們該做的事情。在孩子們動手實做的過程中，小至收拾書包、整理房

間，甚至玩遊戲時，引導他們理解這些事都是由很多步驟組合的，可以思考怎麼做會又快又好，透過不斷的練習與引導、除錯、矯正，就可以找到最佳的的執行方式，而這就是生活上基本的運算思維了。

運算思維是學習程式設計前的預備能力

很多家長會擔心孩子輸在起跑點，所以希望孩子們早早就可以接觸程式設計。但請仔細想想，學寫程式之前要先有什麼能力？**程式設計出來的產物是為了解決生活上的問題，並讓生活更便利，所以如果完全沒有購物的經驗，他如何寫出一個訂購系統呢？如果沒有報過稅，我們又怎麼知道什麼樣的報稅系統算好用呢？要寫程式解決問題，一定要先有發現問題、思考用什麼方法解決問題的能力。**所以要讓孩子學習程式設計，請務必先多鼓勵孩子閱讀，且能有效率地進行個人的生活與學習。

引導孩子學習運算思維

很多家長都希望孩子去做有興趣的事情，認為孩子很會打電動很愛打電動，所以他應該就會喜歡學寫程式。但打電動跟寫程式真的相關嗎？ 我想那個想法就跟「唱流行

歌曲的人就一定會寫流行歌曲」是一樣荒謬的！而且，不是每個孩子學了程式就會想當工程師，就如同大家都有上國文課，但不是每個人都可以當作家。

這邊要介紹一個可以拿來打電動也可以當做教材的一個程式「 Minecraft 教育版」。臺灣的命名是〈當個創世神〉。我們都非常鼓勵孩子們能夠自己思考與發想創造，而「Minecraft 教育版」剛好可以讓孩子學著創造一個他們想像中的世界。以下我們用一個耳熟能詳的故事——「三隻小豬」為例來說明。

在「Minecraft 教育版」 中，孩子們可以創造一個他們想像中的故事場景，自己建立主角，他們可以在這個 3D 的世界裡，以不同材質的立方體隨意建築出小豬們的房子以及周遭的自然環境等。老師甚至也可以在 Minecraft 教育版加入各項的關卡讓孩子們做學習。

孩子們在這個過程中有練習到什麼運算思維的能力嗎？當然有，**一個故事的架構流程，要從什麼地方著手，希望玩家進來這場景時的路徑，要設計人物在這個世界中陸續會看到什麼樣的景色或場景等，這不就是運算思維第一步——「順序」！**

「迴圈」的概念在這個例子中會用在哪裡呢？在這個 Minecraft 的世界中，蓋房子是要一個方塊一個方塊堆積起來的，若能善用「迴圈」的概念，讓方塊重複堆疊，加速

建立他想要的世界，不是很棒嗎？　這部分都可以引導孩子去嘗試、去發想、去操作。**程式就是用來幫助人們更便利的生活，持續重複的事情就應該利用指令的能力，交給電腦自己去完成，省下的時間是用來思考，用來創造。我們應該引導孩子，電腦是工具，電腦做的所有事情都是在照著設計者的想法去執行的，我們要能善用這個工具，讓生活更簡單、更省時、更有效率以及更便利。**

　　「Minecraft 教育版」之所以對學生有幫助，是因為孩子可以從他的想像力，沒有拘束地去設計他想像中的世界，沒有對錯，就如同三隻小豬裡面小豬們的房子沒有一定的樣子，利用這點來引導孩子，誰説閱讀心得只能用紙筆完成呢？

　　「Minecraft 教育版」也受老師們肯定，因為它非常適合用來當做主題式教學的教具。孩子們既然抗拒不了 3C 產品，那我們就好好運用 3C 產品的特性來協助他們學習。在「Minecraft 教育版」的網站或是 Youtube 上，我們都可以找到一些世界各地老師的教案。例如，高雄的河濱國小讓孩子們運用他的們創造力與運算思維的能力，將高雄市的街景搬到數位世界裡，並且孩子們思考這個小世界內可能發生的交通狀況，讓大家可以直接進入數位的空間學習正確的交通安全觀念。創作的過程中，這些孩子們不只利用運算思維將現實生活中的環境與事件在數位世界裡面實

現，更學習了協同合作與團隊分工。現在已經不是靠單打獨鬥就可以完成所有事情的社會，團隊合作與分工是孩子們生活上重要的學習。

什麼是程式設計？

　　什麼是程式設計？大家最容易找到的定義說明，就是維基百科的介紹：電腦程式設計，或稱程式設計，是給出解決特定問題程式的過程，是軟體開發過程中的重要步驟。不明白？簡單說，把想要電腦做的事用程式語言表達出來，就是程式設計。程式設計往往以某種程式設計語言為工具，然後用這個語言依序表達出你要電腦做的事。**程式設計過程應包括分析、設計、編碼、測試、除錯等不同階段。**

　　舉例來說，當我們要開發製作一款手機遊戲，除了要思考設計遊戲的故事背景、劇情、角色、遊戲規則、操作方式等外，還有個重要的環節，就是程式設計。　透過程式設計，我們能夠將遊戲設計的構思，轉化產生成為一個可以實際操作的手機應用程式。程式設計的過程雖然很複雜，需要很多的專業知識，有著許多不同的開發階段，但它最後的產物就是程式碼，這個程式碼是根據當時我們構思的遊戲劇情、角色、規則、操作方式撰寫而成的，所以當手機去執行這個程式碼的時候，手機畫面就會顯示我們創造的遊戲角色，依造我們設計的故事情節去發展，　並且在互動操作上也會照著我們當初的設計來反應。

產生創造

應用程式開發 (程式設計)

遊戲構思與腳本　　　　　　　　　**手機遊戲應用程式**

　　程式設計的過程，思考設計與實作並重，非常的有趣。例如：如何利用程式語言的邏輯實現遊戲角色的行為模式？如何設計程式架構來符合這款遊戲的開發需求與流程？如何撰寫出執行速度快又節省記憶體的程式？如何

採用其他人已經開發完成的程式模組與功能來完成我們的功能？如何撰寫程式碼讓其他的程式設計師容易理解與使用……諸如以上在天馬行空與縝密的思考過後，一步步地實做，最後產生出令人感動又實用的作品，是非常有成就感的事。

為了讓大家更理解「程式設計」的過程，我們舉一個刻意簡單化的例子來幫助大家理解。

▌特定問題（需要解決的問題）

首先，我們假設有一個特定的問題需要解決。房間裡有一個掃地機器人，我們可以寫程式來對它進行操作，房間裡的空間配置可以表示成一個 4 x 4 格子的圖示，如下。

掃地機器人（箭頭表示它正前方面對的方向）：o →
需要被打掃的位置：P
障礙物：X

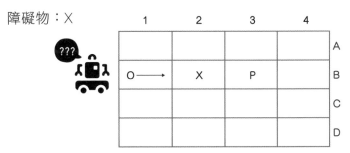

在這裡為了方便說明，我們將問題簡化成只要它繞過障礙物 X，走到位置 P，就算是打掃任務完成。

▋ 分析與設計

目前掃地機器人提供給我們可以使用的程式操作指令有下列四個：

▇ 指令 1：往前一格

▇ 指令 2：順時針旋轉 90 度角

▇ 指令 3：逆時針旋轉 90 度角

▇ 指令 4：查看前方有沒有障礙物或是牆壁擋著

我們只需要將程式操作指令寫下來變成程式碼，將程式碼載入到掃地機器人裡面，它就會根據程式碼的指令行動。

看看上圖，要解決這個問題，最直接的方法只要使用指令 1、 指令 2、指令 3 就可以完成打掃任務。也就是：機器人在 B1 的位置，往下走繞過障礙物 B2，最後走到位置 B3，就能完成任務。

▋ 程式編碼（coding）

我們完成的第一個版本的程式碼如下：

▇ 程式碼第一行：指令 2（順時針旋轉 90 度角）

▇ 程式碼第二行：指令 1（往前一格）

■ 程式碼第三行：指令 3（逆時針旋轉 90 度角）

■ 程式碼第四行：指令 1（往前一格）

■ 程式碼第五行：指令 1（往前一格）

■ 程式碼第六行：指令 2（順時針旋轉 90 度角）

■ 程式碼第七行：指令 1（往前一格）

　　就像是在駕駛電動玩具車一樣，打方向盤旋轉角度，踩油門往前走一格，一個指令一個動作，掃地機器人就會乖乖地照著我們的程式碼行動。

▌測試

　　我們讓掃地機器人依照「第一個版本的程式碼」進行動作，行動的路線如下圖。它最後停在 D3，並沒有走到 B3，測試的結果是失敗的，並沒有完成任務。

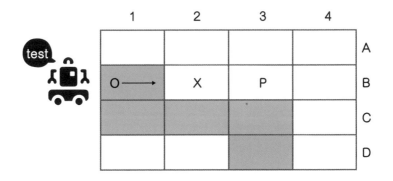

▌除錯

　　我們仔細查看程式碼，找出哪裡出錯？一步一步地執行程式碼，看看機器人的行為，發現原來是在程式碼第六行指令出了錯，這裡應該是要逆時針旋轉，而不是順時針旋轉 90 度。

▌第二版的程式碼

　　最後，我們的心血結果如下：

▌程式碼第一行：指令 2（順時針旋轉 90 度角）

▌程式碼第二行：指令 1（往前一格）

▌程式碼第三行：指令 3（逆時針旋轉 90 度角）

▌程式碼第四行：指令 1（往前一格）

▌程式碼第五行：指令 1（往前一格）

▌程式碼第六行：指令 2（逆時針旋轉 90 度角）

▌程式碼第七行：指令 1（往前一格）

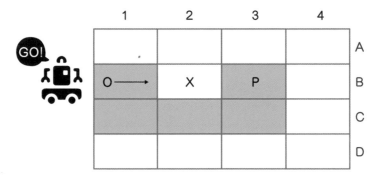

64

經過測試後，第二版的程式碼能夠順利地完成任務，將區塊 P 打掃乾淨。Great Job！

另外，如果我們希望利用現有的指令 1、指令 2、指令 3 來完成一個新增的指令 5 ——往後退一格，你會怎麼設計呢？ 一旦我們有了指令 5，以後要讓機器人往後退一格就只要寫一行程式碼，即「指令 5」，對我們來說寫起程式碼來就更方便了（只要寫一行程式碼，不用再寫很多行程式碼）。

我們可以再更深入的想一下，如果我們希望這個掃地機器人不只能夠在上面提到的房間裡完成掃地任務，還希望它也能在其他的房間完成打掃任務，你會怎麼設計程式呢？是不是感覺就像魔術一樣神奇，只要程式設計出來，掃地機器人就能根據程式執行你想要它完成的任務。從問題產生到設計能解決問題的程式，再到解決問題，這樣一個過程就是程式設計的大致過程。

解釋了那麼多程式設計的東西，其實並不是鼓勵大家都成為程式工程師，而是希望大家能夠理解「運算思維」的概念。畢竟在未來的環境，出門只要帶手機，就可以透過手機做行動支付、隨時隨地可以跟好友們透過網路溝通，搭車時戴上耳機就可以透過網路看想看的電影、聽喜歡的音樂，隨時都可以拍照傳送給想傳的人。等人的同時，隨手拿出手機下單購買週末想在家下廚的食材。這一切的

一切，充滿了流程、創意、規劃、設計、實踐等；若有機會參與這些服務的建立，會發現不是只有程式設計工程師在寫程式，人文知識專家（了解人們為何要用，哪些族群會用）、產品設計師（人們該如何用，為人們帶了什麼便利）、介面設計師（如何才會讓視學感受舒服，如何操作才容易使用）等，在這些協同合作的過程中，每個專業人士都必須展現其解決該領域問題的運算思維，才能真正發展出符合人性的資訊科技應用！

4

撲克牌教我演算法

本章嘗試從「程式」到「演算法」，讓大家試著去體驗「運算思維」。前面說過，運算思維就是以電腦的執行邏輯脈絡來思考問題並解決問題！運算思維的訓練有很多好處，它可鍛鍊我們以清晰的步驟來處理解決生活周遭的問題與困難。當我們能清楚的描述步驟後，電腦就可以為我們代勞解決問題。你我可以不再是單純運用人力解決問題，或者是使用現成的軟體或演算法做既定的事情。當你精熟於運算思維時，你可以使用程式語言撰寫自己的應用程式，利用演算法來解決問題並同時享受創作的樂趣。電腦就如同一塊畫布一般有著無限的可能，而運算思維就是電腦資訊科學最好的入門磚，這也是我們想帶給你的樂趣所在！

什麼是演算法？

　　我們經常聽到「下載程式，安裝軟體」等術語，它是如此無所不在的出現在我們生活周遭。程式可以是手機應用程式 App，聊天通訊軟體 LINE、相機程式、上網用的瀏覽器，也可以是部署在雲端的服務 Google Map 地圖導航服務、Youtube 影片串流，這些全都是與我們生活密切相關的「程式」。那到底什麼是程式呢？這些程式軟體到底又跟本章主題「演算法」有什麼關係呢？「演算法」對我們生活的影響到底多大呢？其實，它早就跟我們的生活息息相關！

電腦程式與演算法改變了什麼？

	沒有電腦時	有電腦後使用程式解決	程式使用的演算法
找資料	去圖書館	問 Google 大神	搜尋 索引 排序
聯絡朋友	打電話	使用 LINE 語音通話	點對點傳輸
拍照	找臺相機	使用手機的相機軟體	人臉辨識 影像壓縮
觀看影片	租錄影帶	YouTube 影片串流	內容推薦 視訊解壓縮
找路	翻閱地圖	Google Map 導航	定位 路徑導航
支付	用現金	Google Pay, Apple Pay	加密 認證 數位簽章

　　前一章我們已經介紹過什麼是程式，再來複習一下這個觀念。讀者試著想像電腦就像是一位孩子，他可以「根據樂譜精準地彈奏鋼琴」，而程式是一連串電腦可以了解的「指令」──好比音樂課中的「樂譜」。當我們把樂譜交給這位孩子，他就能完美演奏出美妙的音樂！今日，彈奏音樂對電腦是小菜一碟，電腦程式能處理的事情更為多元，例如：「計算 321 ＋ 52 是多少」、「幫我尋找離我最近的加油站並依序列出」、「幫我列出我有興趣的 Youtube 影片」……。

電腦到底有多聰明呢？能跟人類一樣嗎？對人類來說，計算「321+52」是相當簡單的問題，這問題對電腦其實也不複雜，就如同敲擊一個鋼琴上的白鍵一樣簡單。但後面的兩個問題（「幫我尋找離我最近的加油站」「幫我列出我有興趣的Youtube 影片」）就明顯複雜得多，電腦其實不會處理。事實上，電腦一點都稱不上聰明，它只能照著程式做一連串簡單的工作，例如：加減乘除、比較兩個數字大小或是否相等……。為什麼現今的電腦看似聰明呢？因為它執行著精巧的「程式」，這些程式是由軟體工程師設計出來的，所以，電腦可以執行複雜的任務解決難題。

圖 4-1　自動演奏鋼琴（1919）

　　電腦可以執行很多複雜的任務，用來處理任務需要對應精巧的程式，程式精華的部分我們通常稱為「演算法（Algorithm）」。演算法是一連串定義良好的步驟（computational sequence），依據步驟就可以執行一個任務也解決一個命題。如下圖，讀者可以想像演算法是個黑盒子，左邊是輸入的資料，右邊是期待輸出的結果，中間的黑盒子是演算法程式，電腦負責執行這個演算法程式。在數學和電腦科學之中，演算法就是一個序列，該序列被良好定義出具體的計算步驟，常用於計算、資料處理和自動推理。

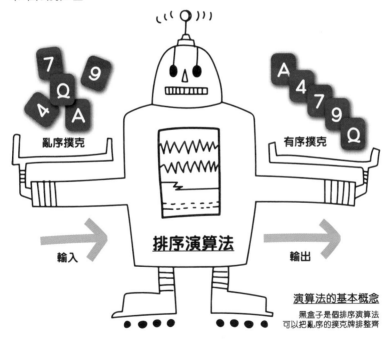

亂序撲克

有序撲克

排序演算法

輸入　　　　　　　　　　　　　　輸出

演算法的基本概念
黑盒子是個排序演算法
可以把亂序的撲克牌排整齊

運算表達與程序

　　想更近一步了解演算法是怎麼一回事嗎？其實，並不是只有電腦可以執行演算法，我們人腦也可以，就讓我們親身體驗一番吧！讓我們來定義一下我要解決的任務：如果我給你 5 張沒有花色只有數字沒有順序排列的撲克牌，要你依照數字由小到大排序，你會怎麼做呢？輸入是亂序的撲克牌，輸出是有序的撲克牌！

　　讀者可以先想想要怎麼用一連串的步驟把順序混亂的撲克牌依照順序「排」出來。以下是筆者想到的步驟：

1. 先把亂序的撲克牌放在左手邊。

2. 從頭看到尾掃描撲克牌，並且記住我們掃描過
   程中出現最小數字那張牌的位置。

3. 根據記住的位置把最小的那張牌抽出來並依照
   順序放在右手邊。

4. 持續重複 2、3 步驟直到左堆沒有牌為止。

5. 右堆的牌排好了順序，任務完成。

試著拿出撲克牌或是紙筆模擬執行看看上述的演算法
吧！如果牌是 7、Q、9、4、A：

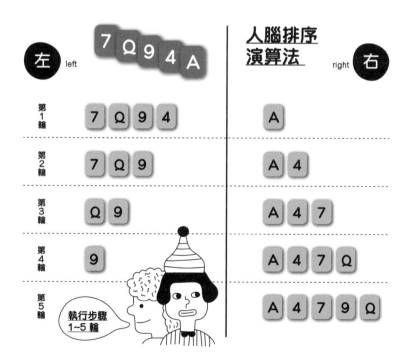

以上的演算法我們暱稱為「人腦排序演算法」，整體的步驟其實就是一種「排序」的演算法（Sorting algorithm），可以用來排序撲克牌，它清楚地描述所有步驟，只要我們的腦袋能做幾個基本的工作就能夠執行。腦袋的工作：

　　a. 能夠在心中記住一張牌還有它的位置。

　　b. 能把牌從左邊移到右邊。

　　c. 能掃描撲克牌並比較眼睛看到的牌跟心中的牌哪張小。

　　我相信讀者已經用腦袋跑過一次我們的這個演算法。好了，你已經體驗過演算法是怎麼一回事！其實電腦也可以使用處理器 (CPU) 與記憶體 (Memory) 做到類似 1~5 的這些能力，更厲害的是，如果撲克牌不只有 5 張而是 100 萬張，它還是能辛勤快速地執行完這些步驟。只要我們能提供它精巧的演算

法步驟，它就能快速完美地完成任務。延伸思考一下，如果把撲克牌的數字換成是考試成績呢？沒錯，我們有能力對 100 萬筆考試成績結果進行排名了。「幫我尋找離我最近的加油站並依序排列」就是使用了計算距離的公式與排序演算法找到最近的加油站。

▌運算思維

我們已簡單介紹過運算思維，現在再繼續深入介紹。「排序問題」只是眾多問題形式的其中一種問題，而且算法可以有極多種變化來解決各種問題，在下一小節我們還會再介紹一些別的算法。發現了嗎？你我都可以利用既有成熟的演算法解決本質相同的問題，誰也都可以撰寫新的演算法讓電腦解決自己遇到的新問題。想善用演算法，就必須具備「運算思維」能力，概括來看，運算思維可以拆解成以下的概念：

(1)**數位化思維**：把「問題」與期待的「結果」抽象數位化成能描述的資料模型，例如：考試成績，撲克牌的數字，我與加油站的距離，一個有順序的排列結果……。

(2)**邏輯思維**：以邏輯思維來思考問題，可以找尋既有的演算法來解決，或是發展一個新的。例如：找到最近的加油站是一種排序問題。

(3)**程序化思維**：發展一個新的算法時，需以程序思維思考對應的策略並清楚描述可被執行的步驟。例如前面所說的人腦排序演算法步驟。

(4)**成果分析**：思考發展的演算法是不是最有效的策略，有更好的方法嗎？

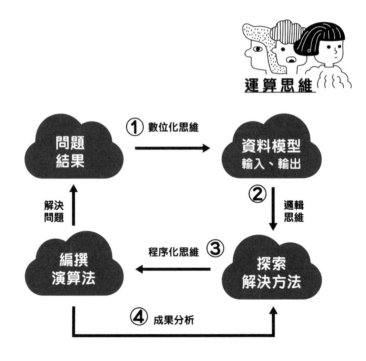

演算法效能分析

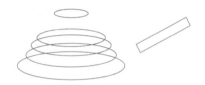

　　成果分析是評估演算法表現的重要命題，成果可能分成「功能性效能」與「非功能性效能」兩個部分。功能性效能是評估輸出結果的好壞，排序問題輸出就是順序的資料，所以非常單純，但如果是一個臉部辨識的演算法則會有準確率的功能性指標。非功能性效能的面向也可以有很多種向度可以探討，例如：執行的速度、記憶體使用量等等。本小節筆者就來探討一下執行速度的分析，執行速度分析也稱為**演算法執行的時間複雜度分析**。

時間複雜度

時間複雜度是分析一個演算法執行速度的指標，
當成長趨勢越大則演算法的執行速度越慢。另一
種指標是空間複雜度，表示的是演算法執行時使
用記憶體大小的指標，當成長趨勢越大則演算法
的執行需要越多的記憶體。

一個問題通常不會只有一種演算法解法，像「排序問
題」就有數十種演算法，例如：泡沫排序法、插入排序法、
合併排序法、快速排序法……，每一種運作的方式都不一
樣。不免思考，我自己想的排序法快嗎？ 哪一個演算法更
快呢？ 要回答這個提問，我們就得用一些簡單的方法來嘗
試分析一下演算法的效能，例如試著分析前面所談的人腦
排序演算法，來知道它是不是很聰明、很快 。

要運作「人腦排序演算法」，我們的腦袋需要一些能
力才能夠 「執行」 這個演算法，而每個能力在 「運作」
時都需要花費 「時間」──也就是有所謂的時間成本，通
常衡量一個演算法的好壞就是根據執行「時間」 來決定，
因為時間花得越短執行速度越快。

分析一下每個動作的時間成本：

a. 能夠在心中記住一張牌還有它的位置：

記住一張牌與位置需要的是記憶力，人記住東西
比較困難，但電腦在這方面就輕而易舉了，電腦
很笨但記憶力超好，所以時間成本很小幾乎可以
忽略。

b. 能把牌從左邊移到右邊：

雖然人移動卡片必須要花時間，但在電腦中，其
實只是讓電腦在記憶體中右邊「記住」一張牌、
左邊「忘記」一張牌，所以，類似 b 這樣的操作，
時間成本很小幾乎可以忽略。

**c. 能掃描撲克牌並比較眼睛看到的牌跟心中的牌哪
張小：**

掃描動作眼球移動的確需要時間，人腦眼球移動
不太需要心力去控制，電腦定址有類似的概念，
所以這個時間成本很小也幾乎可以忽略。

比較大小是計算動作，「比較」不管人腦或是電腦
都需要花時間，試想 12231301231、12231301031
兩個數字哪個大？應該挺花腦力的吧，我們假設
這個時間成本為 C。

　　總結以上簡單地說，就是「比較」這個動作需要花時間成本 C，其他幾乎都可以忽略。接下來，我們思考演算法整體步驟中會需要多少「比較」：

(1)先把撲克牌放在左堆：不需要比較。

(2)從頭看到尾掃描撲克牌，並且記住我們掃描過程中出現最小數字那張牌的位置：需要跟心中那個記住的牌比較，如果總共有 n 張牌，則需要比較 $(n-1)$ 次，複雜度為 $C \times (n-1)$。

(3)根據記住的位置把最小的那張牌抽出來並依照順序放在右堆：不需要比較。

(4)持續重複(2)、(3) 步驟直到左堆沒有牌為止：這個步驟很特別，他必須要重複的執行步驟(2)，如果牌總共有 n 張，需要執行 $(n-1)$ 次的步驟(2)

整體的比較的時間成本將會是：

$$C \times (n-1) + C \times (n-2) \ldots\ldots + C$$ ⟶ 比較次數一共有 $(n-1)$ 項

$$= C \times [1+2+3\ldots(n-1)]$$

$$= C \times \frac{[1+(n-1)] \times (n-1)}{2}$$ ⟶ 等差數列之和：上底加下底乘高除 2

$$= \frac{C}{2} \times (n^2 - n) \leq \frac{C}{2} \times (n^2)$$ ⟶ $\frac{C}{2}$ 為常數，整體趨勢會隨著 n^2 增長

　　你可以想像這個演算法執行花的時間跟撲克牌的張數 n 有關，如果 n 非常大，整體複雜度會隨著 n^2 變化。其他項之趨勢可以忽略，而時間成本的趨勢將會是 $C{\times}n^2$ 以**漸進符號 Big-O** 表示為 $O(n^2)$。我們的 「人腦排序演算法」的時間複雜度就記做 $O(n^2)$。

> **漸進符號 Big-O：**
>
> 漸進符號，是用於描述函式漸進行為的數學符號，
> 用來描述一個數量級的上限。

　　所以，只要有存在一個排序演算法，它的時間複雜度趨勢上小於 $O(n^2)$，在速度上就會比我們的演算法更快更好！例如：$O(n{\times}log(n))$、$O(log(n))$、$O(n)$、$O(1)$ 都具有更低的時間複雜度。大小趨勢的比較可以看以下的圖例：

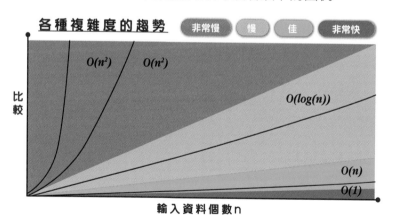

各種複雜度的趨勢　非常慢　慢　佳　非常快

$O(n^2)$　$O(n^2)$

$O(log(n))$

$O(n)$

$O(1)$

比較

輸入資料個數n

你或許會想，那排序問題本身總有個物理上最低的時間複雜度吧？有的，它還可以用數學進行證明，以「比較」為基礎的排序演算法理論下限是 $O(n \times log(n))$。所以我們知道一定存在比人腦排序演算法更「快」的演算法存在。當然，越快的演算法通常設計得越精巧，所以「比較 -C」的次數越少，也相對更為難懂！

現在，讀者已經知道一個實際的撲克牌問題如何對應到數位的世界，如何構思一個邏輯來處理問題，並且以程序化思維來描述處理的步驟。最後，我們也可以分析自己所構思的演算法的複雜度，因此我們也能評估什麼是比較快的演算法了！

快速排序法

1961 被提出的排序演算法，效率非凡，目前用於多數的程式中，為最常用的排序法。

有非常多演算法可以解決排序問題

排序演算法	時間複雜度 (最差狀況)
人腦排序演算法	$O(n^2)$
泡沫排序法 bubble sort	$O(n^2)$
插入排序法 insertion sort	$O(n^2)$
合併排序法 merge sort	$O(n \times log(n))$
快速排序法 quicksort	$O(n^2)$
堆積排序法 heapsort	$O(n \times log(n))$
計數排序法 counting sort	$O(n+k)$

還有哪些演算法？

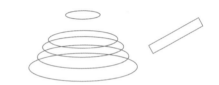

　　演算法的種類真的非常多，每一種演算法都解決一種通用性的問題，什麼意思呢？ 當我們可以把手邊的問題轉換成通用性的問題時，我們就可以用既有存在快速又好用的演算法來幫助我們解決手邊的問題，這一節中就再介紹一個最基本的通用性問題——「搜尋問題」 與對應的演算法！

█ 搜尋問題 1：線性搜尋法

命題定義：在一堆撲克牌當中找到我要的黑桃 9
條件：撲克牌是「沒有」 照順序排好的

假設我們現在要玩大老 2， 一開始拿到的第一手牌，牌的順序通常是亂的，在開始比賽前如果沒有先嘗試把牌的順序排好，接下來的每一次出牌都會多花一些時間。當牌面上丟出紅桃 9 時，你一定會先看一下你有沒有黑桃 9，用眼睛快速掃描過所有的牌然後丟出一張適當的牌。你會發現每一次出牌都須看過 n 張牌，所以在沒有順序下找到一張牌的時間複雜度需要 $O(n)$，因為我們沒有更多的資訊告訴我們那張牌在哪裡，得全部的牌都看一次，這已經是物理時間複雜度的下限。這個方法我們稱為**線性搜尋法**（**Linear Search**）。

線 性 搜 尋 法

▊ 搜尋問題 2：二分搜尋法

命題定義：在一堆撲克牌當中找到我要的黑桃 9
條件：撲克牌是「有」照順序排好的

利用上個章節介紹的排序演算法先把牌依順序排好，就會得到一個有趣的特性：假設撲克牌的內容是 A(1), 2, 5, 6, 7, 9,J(11), K(13)， 依照順序排好了，如果我要找 9，有個很簡單的策略就是先把牌分成兩半，即 1, 2, 5, 6 與 7, 9, 11, 13，然後我們拿要找

圖 4-2 遞迴：試試手機自拍鏡子吧，畫面上會有一個無限延伸的畫面，那就是遞迴

的 9 跟第二堆的第一張牌 7 比一比，如果要找的牌 9 比 7 大，那必然 9 就是在後面那堆牌當中，如果數字比 7 小或是相等，那必然在前面那堆牌中。當我們拿到後面的牌堆 7, 9, 11, 13 時，我們依然可以用上述的方式一分為二重複去執行這個演算法來找到 9 這張牌。像這樣持續將問題分割成比較小的問題並且利用相同策略重複解決更小問題

的行為，我們稱之為 「遞迴（Recursion）」，這是電腦科學常用的策略。你還記得嗎？小學學習的輾轉相除法找到兩數的最大公因數也是遞迴方法喔！

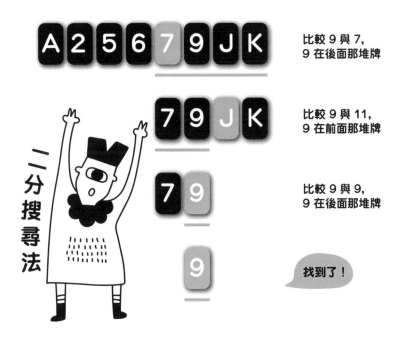

比較 9 與 7,
9 在後面那堆牌

比較 9 與 11,
9 在前面那堆牌

比較 9 與 9,
9 在後面那堆牌

找到了！

二分搜尋法

以上的演算法我們稱為 「二分搜尋法 (binary search)」，分析這個複雜度也不複雜，我們持續將牌 n 張分為兩堆並且 「分而治之（意即把一個大的問題拆分成數個小問題，然後各個擊破）」地解決問題，所以複雜度就跟分割的次數有關。換而言之就是看 n 可以切分幾次就需要比較幾次，這是一個對數（例：1000 是 10 的 3 次

方 所以 1000 的對數就是 3) 的關係，其複雜度其實就是 $O(log(n))$。

從本書 P83 的表中你可以發現： $O(log(n))$ 速度遠快於 $O(n)$，尤其在 n 越大時越為明顯。當 n 是 10000 時，第一種情境需要比較最多 10000 次，而第二種情境只需要 14 次，這也是為什麼在日常生活中整理資料或是在電腦工程中的資料庫中，我們總是希望把東西排序以方便搜尋了！

其實通用的演算法很多，而且已經過千錘百鍊，對於一個工程師或科學家來說，這些通用性「演算法」比較像是手邊極好用的「工具箱」，當我們學習了運算思維後，我們可以套用既有的演算法幫我們解決問題，也可以創造一個新的方法來解決難題並改變世界！

插播小知識：

勒芙蕾絲伯爵夫人奧古斯塔‧愛達‧金‧諾爾

(Augusta Ada King-Noel, Countess of Lovelace，1815～1852) 第一位主張電腦不只可以用來算數的人，也發表了第一段分析機用的演算法。公認為史上第一位認識電腦完全潛能的人，也是史上第一位電腦程式設計師，必然也是第一個了解程式創作樂趣的人。在一百多年後的今天，電腦科學已經非常普及，任何人都有機會掌握並學習運算思維，這已經不是科學家或是程式設計師獨有的嗜好，筆者也希望與你分享這一切樂趣。

圖 4-3　勒芙蕾絲伯爵夫人奧古斯塔‧愛達‧金‧諾爾
由 Marcin Wichary from San Francisco, U.S.A. - Analytical Engine Mill，CC BY 2.0，https://commons.wikimedia.org/w/index.php?curid=3614794

分析機：

最早的電腦，

它不是用電在

計算，而是以

機械的方式驅

動計算。

圖 4-4　分析機
由 Marcin Wichary from San Francisco, U.S.A. - Analytical Engine Mill，CC BY 2.0，https://commons.wikimedia.org/w/index. php?curid=3614794

5

本章將以上一章節的「演算法」為起點，從人工智慧的發展歷史脈絡進行介紹，最後再簡述經典問題———「圍棋」的本質困難，還有 AlphaGo 在概念上如何利用類神經網路訓練出下棋「直覺」而打敗棋王。

筆者希望可以藉由這些內容幫讀者揭開人工智慧的面紗，也讓大家可以理解為什麼現代科學與商業如此重視數據與資料！甚至，引發讀者去思考充滿人工智慧的未來世界裡，那些可以被自動化處理的問題與同質性高的工作都將仰賴人工智慧協助處理，因此，我們可以有更多的時間與精力專注於「創造」、「文化」、「人性」、「情感」方面的領域，結合人類與人工智慧合作產生的綜效，我們可以讓世界變得更為美好！

AlphaGo
憑什麼打敗人類棋王？

5.1

資料探勘與
機器學習的基本概念

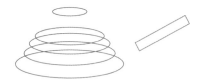

從演算法、人工智慧到深度學習

　　2016 年 AlphaGo 在圍棋比賽中以 4:1 的高分擊敗了世界大師級冠軍李世石，這件事的發生改變了人們的認知，人工智慧（Artificial Intelligence）從是個遙不可及的未來、是一個實驗室中的玩具，轉而變成目前科技當紅炸子雞，新聞爭相報導，好似機器人隨時會取代人類似的！這個認知的改變不只有業外人士而已，而是連資訊工程的專家與商業家都再次思考人工智慧的可行性與未來。許多

人會覺得人工智慧與 AlphaGo 貌似橫空出世，原本小説電影裡的事物竟然憑空的出現在眼前，其實，這一切都是科技成熟累積的結果。要了解人工智慧是什麼？它是怎麼發展的？我們得從歷史的脈絡來了解！

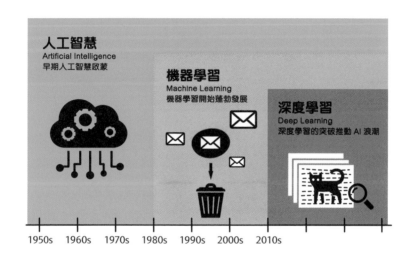

第四章中，我們説明了演算法是什麼樣的東西，同時也説明了「它（電腦）傻瓜你（你與你編撰的演算法）聰明」的概念，**電腦硬體並不聰明，其本身並沒有什麼智慧可言，相對聰明的是程式軟體，軟體能夠精巧的處理資訊與解決問題，因為，這些程式是程式設計師與科學家費盡心思設計的產物。抽象的來看，我們賦予電腦智慧的方法其實是以「撰寫程式」的方式將「專家」的知識與操作**

方法進行萃取，並以程式模仿表現與行為來達到智能，所以，程式在某個領域就有了專家部分的知識與能力，這就是發展人工智慧的開端！當然，目前的人工智慧已經遠遠的不只如此，以下就來介紹它是怎麼演進的。

AlphaGo：
2014 年開始由英國倫敦 Google DeepMind 開發的人工智慧圍棋軟體。

▊ 一級人工智慧：自動控制

這些有著專家智慧的程式能自動化地處理已規劃好的問題並找到解決之道。例如，機械手臂可以快速地組裝汽車，最常見的掃地機器人可以自動地沿著牆壁清掃完一整間房屋。這些能自動工作，有一點聰明但又

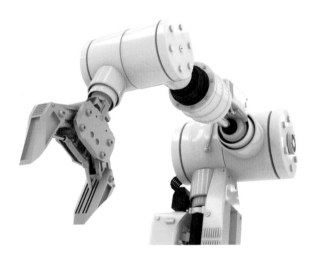

圖 5-1　機械手臂可用於工業醫療與太空領域

不太有智慧的程式我們稱為第一級人工智慧（first level AI），也可以叫它自動控制（Automation control）， 它的萌芽時間約在 1950 年代，目的是減輕人力或簡化人類工作程序。自動控制的領域很廣泛，從電鍋、冷氣、飛機的自動駕駛系統到遊戲（Game）中的 NPC（非玩家角色）都屬於這個範疇。「它」 其實不會思考或是推論，只可以根據預錄的行為做出情境的判斷並且反應。

■ 二級人工智慧：演繹推理

1970 年代人們開始尋找可以思考的第二級人工智慧（second level AI），嘗試讓人工智慧可以根據 「知識」 做邏輯推論，可以從 A →（推論） B、B → C 而延伸推論 A → C ，這樣的行為我們稱之為 「演繹推理（deductive reasoning）」，以下是個簡單的例子。

知識庫已知的事實，該事實由人類整理出來：
- A → B 下雨（A）必然會塞車（B）
- B → C 只要塞車（B）我就會搭捷運（C）

可以演繹推理：A → C 下雨（A） 我就會搭捷運（C）

　　專家系統 Expert System 是最為著名的一種推論系統，它具備了存放事實的知識庫（knowledge base）跟通用的邏輯推理機（inference engine），技術廣泛用於醫療、軍事、地質勘探、教學、化工等領域！你知道嗎？Siri 也內含了這類型的人工智慧技術，所以他可以做一些簡單的推論來回答你詢問它稍微複雜的問題！

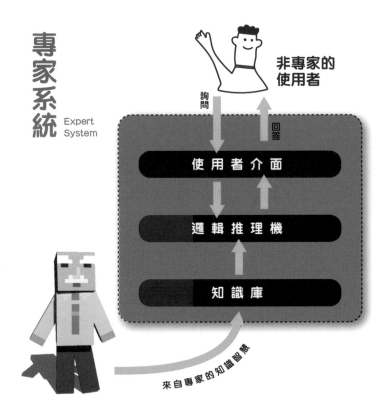

專家系統 Expert System

非專家的使用者

詢問　回答

使用者介面

邏輯推理機

知識庫

來自專家的知識智慧

以上兩種人工智慧都有個基本的特徵——知識與智慧是預錄且存在於知識庫中，知識庫是從人類專家的腦中整理出來的，這些類型的人工智慧還無法自行「學習」新的知識。

▌三級人工智慧：資料探勘到機器學習

資料探勘

1980 年代電腦進入微處理機（Microprocessor）時代，技術的成熟使得運算能力提升千里，人們開始探尋更聰明的人工智慧，科學家開始挑戰如何讓人工智慧可以自主學習，在討論三級人工智慧前，我們得先思考什麼是知識？知識從何而來？

> 微處理機：
> 一種可以被廣為製造，成本廉價的晶片，可以用來做邏輯與數學計算，大家熟悉的 Intel 就是以設計製造 CPU 微處理器聞名。

什麼是知識？「知識是資訊、文化脈絡與經驗的結合」。知識資訊或是文化比較像是資料，「脈絡」是連

結兩筆資料間的關係，這是非常重要的特徵，脈絡可以是前後因果或是具有某種關聯性的描述。舉個例子：假設溫度與溼度就足夠預測天氣是否會下雨，如果我們有足夠多的歷史紀錄，諸如每天的溫度、溼度與是否下雨的事實……，我們就能從中找到其脈絡，知道下雨前對應的溼度與溫度條件，條件就是其脈絡。

知識從何而來？知識從過往的經驗脈絡琢磨而來，「資料探勘（data mining）」就是嘗試從這些「資料」、「數據」、「經驗」中讓機器挖掘學會與發覺當中的「規律」、「脈絡」，學習的結果我們就稱之為「知識」，所以，這些知識的來源已經不再來自人類的專家，而是來自於一堆「真實」的資料。資料探勘是用人工智慧、機器學習、統計學和資料庫的交叉方法在相對較大型的資料集中發現模式的計算過程。**資料探勘的核心是「知識」，挖掘出來的知識可以為人們所用。**

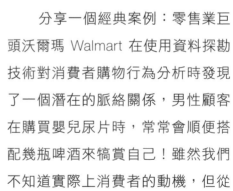

分享一個經典案例：零售業巨頭沃爾瑪 Walmart 在使用資料探勘技術對消費者購物行為分析時發現了一個潛在的脈絡關係，男性顧客在購買嬰兒尿片時，常常會順便搭配幾瓶啤酒來犒賞自己！雖然我們不知道實際上消費者的動機，但從

資料中的確挖掘出這個現象，於是，沃爾瑪嘗試推出了將啤酒和尿布擺在一起的促銷手段。結果尿布和啤酒的銷量都大幅增加，這就是資料探勘在商業上的成功案例之一。下次你在超商看到可樂旁邊放奇怪的東西，不要驚訝，或許這也是大數據分析的結果！

機器學習

　　人工智慧的研究歷史有著一條從以「推理」為重點，到以「知識」為重點，再到以「學習」為重點的脈絡，在這個清晰的脈絡下發展出「機器學習（Machine learning）」這個概念。機器學習是對能透過經驗自動改進的電腦演算法的研究，機器學習有著非常多的發展分支，例如：類神經網路（Artificial Neural Network）、支援向量機（Support Vector Machine）、邏輯回歸（Logistic regression）……。接下來我們試著用基本的概念讓大家知道怎麼讓機器學習，上個小節說明了專家系統中知識庫的概念，知識庫是一堆具有前後脈絡的事實，推理機其實單純是依賴事實與邏輯來演繹推理出新的事實，脈絡已經描述於知識庫中而且是人類專家撰寫的。當我們要讓機器可以學習，就需要讓電腦自己學習產生出知識庫，我們稱此知識庫為「模型」。

因此，機器學習可以分成兩個階段：

1. 訓練階段（Training）：訓練階段用來學習產生模型。我們以比較簡單的概念來說明這個行為，訓練階段會給予機器一堆「資料」萃取出來的「**特徵（feature）**」，同時也會給予少數已知對應資料的結果——我們稱「標籤（label）」，機器可以嘗試從特徵跟標籤結果中學習出脈絡來，這些脈絡會被存放在模型中。

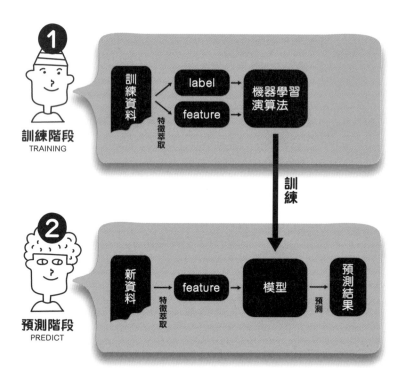

2. 預測階段 (Predict)：預測階段則是利用模型開始推論解決問題。當我們要進行預測時，我們會把新的 「資料」 萃取出來的 「特徵」 傳遞給模型，模型就可以根據學習的脈絡預測出結果。

特徵：資料中具有關鍵識別的重要資訊。

人類專家試著找尋貓咪照片中的特徵

例如輸入了大量已標示清楚標籤的貓咪和狗狗的照片特徵給機器後，讓機器分辨尚無標籤的照片是貓咪還是狗狗。類似於動物和人類的認知感知中的 「概念學習」。在這個階段，我們仍然需要提供照片萃取的特徵給機器，特徵可能包括耳朵的形狀是長方的還是三角的，是否有鬍鬚，眼睛瞳孔的形狀大小與距離或是毛的紋理等等，因為這些特徵可以決定照片上的動物是貓或是狗，所以我們會

提取出來讓機器可以清楚的分辨與學習。特徵的提取仍然需要人類專家的協助，是否可以不用專家介入就能夠學習呢？針對這點，下個階段的機器學習將會有革命性的改變！

　　你想過標記從哪來的嗎？當然是從我們人們標記而來。但誰願意幫忙標記呢？這件事又麻煩又傷神，我才不願意做這些事呢！不知道你是否曾經在某個系統中註冊帳號，註冊時需要驗證你是真人，所以要你填入某些文字符號，或是從一堆照片挑出有車牌或是貓的照片！這種驗證方式稱為 CAPTCHA，由於電腦無法解答 CAPTCHA 的問題，所以能回答問題的用戶就可以被認為是人類。於此同時，我們也幫助科學家標記了照片，標記的結果都是滋養

這些人工智慧重要的資料喔！

　　從上述的機器學習概念中，有資料特徵與標籤就能讓電腦學習知識，由此可見，資料的價值已經顛覆了大家的想像，當我們擁有足夠多的資料跟標籤，我們就能選擇適合的方法訓練人工智慧，這也是為什麼如今的電腦科學與商業非常重視資料與數據的原因。

▎四級人工智慧：深度學習

　　機器學習的學習演算法有非常多種，類神經網路（Artificial Neural Network）是機器學習的一個重要分支，1943 年人們提出了類神經網路，這是一種模仿生物大腦神

圖 5-2　reCAPTCHA 利用人來標記照片，同時驗證使用者是真人。

經元運作的機器學習方法論，類神經網路與生物神經網路的相似之處在於，每個神經元可以相互連結整體合作並列

計算，而不需要描述每一個單元的特定任務，其背後有統計學與信號處理的理論基礎支持著。近年來最紅的「深度學習（Deep Learning）」其實是類神經網路的延伸！

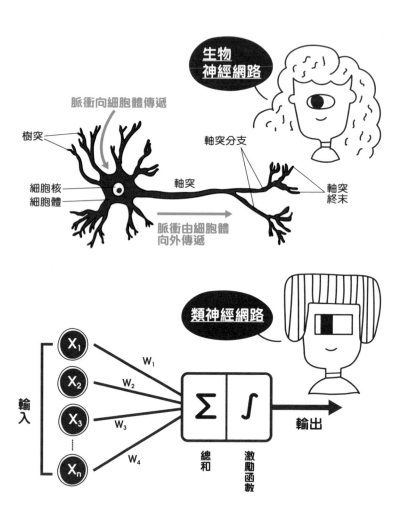

以往的類神經網路由於計算能力仍然不夠強且大神經的深度也不足，故輸入的資料無法是原始的資料，而是需要人們把原始資料加工提取出特徵資料，特徵資料遠比原始資料少但重要性卻非常顯著，這麼做可以降低運算量，增加學習的速度，也可以降低模型的複雜度。但是，專家要提取特徵其實非常需要經驗與各種嘗試，而且我們很難確定特徵是否完備，若萃取的特徵已經忽略了某些重要資訊，這將會導致學習的結果變差。

2010 年，電腦的計算能力及資料處理與儲存能力又有了爆炸性的成長，平行計算、分散式計算與硬體 GPU 的成熟，使我們得以嘗試更深更多層的類神經網路，更深的網路稱之為深度學習。深度學習是指電腦可以自行從原始資料學習而非從特徵中學習，並且，深度學習自己可以自行從原始資料中學會 「特徵」，因此又稱為 「特徵表達學習（Feature learning）」。深度學習降低了人工提取特徵值的比例，更多層的神經元讓機器自行學習如何從原始的資料提取特徵學習脈絡直到預測結果。這是個突破性的成就，因為「人」 介入學習的比例更少了。

GPU：
擅長向量平行計算的硬體裝置，很適合用於深度學習。

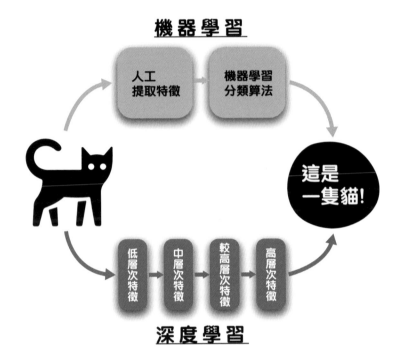

類神經網路與深度學習還在發展中而且日新月異，很多模型都非常具有特色，例如生成式對抗網路（Generative adversarial network）如同金庸小說的雙手互搏，有著兩個網路彼此相互對抗競爭，這樣做可以讓模型更完備、更聰明。如果人工智慧間可以自我對抗產生出新的資料與標籤，並且藉此學習提升智能，那意味著人工智慧提升知識水準就是時間性問題，只要有足夠多的電、時間與儲存體，人工智慧就可以變得更為成熟完備。這個發展趨勢在 AlphaGo 的成就上就可以看出端倪。

圍棋與 AlphaGo

　　最後我們來談談 AlphaGo，為什麼舊有的人工智慧無法攻克圍棋直到 AlphaGo 的出現呢？人們在下西洋棋或是象棋時會在腦中模擬推敲對手的下一步，厲害的棋手可以推敲更多步，電腦具備高度的計算力可以推敲的就更為深遠，所以電腦可以評估當下要下哪一步棋有著最高的勝率。西洋棋在 1997 年就已經被人工智慧**深藍（Deep Blue）**所攻克，在此之後人類在西洋棋已經無法打敗人工智慧，但圍棋跟象棋或是西洋棋很不一樣，原因如下：

深藍：深藍是由 IBM 開發，專門用以分析西洋棋的超級電腦。1997 年 5 月曾擊敗西洋棋世界冠軍卡斯巴羅夫。

圖 5-3　翻轉認知的人機對弈比賽

■ 圍棋的搜尋空間異常龐大，平均每一個落子的位置可以有兩百種可能，但是西洋棋或是象棋只有數十種可能。因為圍棋分支因子太大，導致依據推敲對手未來行為變成不可能。如果我們要推算 20 步以後的所有可能性，那模擬的棋局可能有 200^20（200 的 20 次方） 種可能，這已經是個天文數字，電腦計算再快也無法用窮舉的方式評估勝率。

■ 象棋是個越玩越簡單的遊戲，因為棋子越來越少，

一個粗略的方式就是看誰的棋子多與少來評估目前的勝負。所以，要定義一個象棋勝負的評價函數是相對簡單的課題，但圍棋就非常困難，幾乎沒有一個好的評價函數可以預估勝負情勢。

我們無法窮舉對手的下棋步驟來產生最好的行動，也無法使用任何事實規則進行推理演繹來產生最好的行動，這就是為什麼圍棋讓人工智慧如此棘手！

AlphaGo 利用了非常大量人類累積的棋局資料來訓練兩個深度類神經網路，以兩個網路相結合的方法來運作產生決策，其中一個是以「估值網路」來評估大量下棋選點之好壞，而以「走棋網路」來選擇落子的位置，最後使用了蒙地卡羅樹搜尋（Monte Carlo tree search）來模擬對手的下幾步棋；在這種設計下，電腦可以結合樹狀圖的長遠推斷，又可像人類的大腦一樣自發學習進行直覺訓練，以提高下棋實力。AlphaGo 最初通過模仿人類玩家，嘗試符合職業棋士的過往棋局，其資料庫中約含 3000 萬步棋著的資料作為模型學習的基礎。後來它達到了一定的熟練程度，它開始和自己對弈大量棋局，使用強化學習進一步改善下棋的能力。AlphaGo 蘊含著人類過往下棋深厚的歷練與電腦勤快精準不怕累的特質，未來，人類與人工智慧的競爭要在圍棋領域扳回一城可能非常困難！

PAY

原來零售通路也是一種系統平台

科技組成的服務，以系統平台的樣貌成為生活的應用，每一個系統平台，都是科技進步的累積。我們日漸習慣系統平台帶給我們的服務與便利，以及它們帶來的社會結構改變。本章讓我們對每天都在使用的系統平台服務多些了解，並且從這些觀念中開啟對未來發展的想像。

系統平台之基本組成

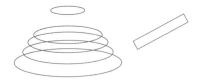

從傳統雜貨店的組成說起⋯⋯

　　對於現代人來說，系統平台隨處可見，小至每天帶在身邊的手機，大到遍布全球的雲端運算服務。早自電話開始普及，直到未來 5G 無線網路將形塑的服務，都可以被稱作系統平台。這些系統平台之間的協作，一步一步創建現代的生活模式。這累進疊加的過程，讓系統平台聽起來變得很複雜。但是，若從架構跟運作原理拆解，我們會發現，系統平台不是一個新的概念，只是我們不習慣這麼稱

呼它。

看過傳統的雜貨店嗎？

大玻璃罐裡裝著五顏六色的糖果，雞蛋、麵粉、米都是秤斤賣，不是現在常見的個別包裝。麻雀雖小、五臟俱全的店裡，什麼生活用品都有。筆者小時候，媽媽會交代一定要去某一家店買哪個牌子的醬油，或者如果去學校外面那家雜貨店買冰棒，老闆有時會多送一顆沙士糖……。

這樣有獨立個性的雜貨店，在現在這個時代，幾乎瀕臨絕跡了。取而代之的，是各大便利超商。便利超商，除了提供日常雜貨以外，還有各式服務，以滿足我們生活大小事。而這些服務，由固定的店面加盟規則、細緻的中央營運管理方法、綿密的配送網絡、對外連接其他服務供應商的流程，以及訓練有素無所不能的超商店員所組成。

從雜貨店進化到便利超商，是個二維的進化過程。單店服務的升級 x 跨店服務的擴展，造就今日便利超商的版圖，就如同系統平台的發展，單機運算的效率擴充 x 網路連線的速度競賽，造就了系統平台今日的發展。兩者都是為了提升效率滿足需求而不斷進化。因此，我們就借用零售商務的進化過程，幫助我們來了解系統平台的架構跟運作原理吧！

系統平台的組成架構

　　系統平台的基本組成，以功能來區分，有輸入單元、輸出單元、儲存單元與運算單元，而每個單元之間，都有傳輸介面來傳送數據。每個單元以及傳輸介面，都由硬體加上軟體組成，硬體負責系統平台的實際運作，而軟體主宰系統平台的驅動與邏輯，兩者必須互相配合，才能構成完整的系統平台。如同一臺主機搭上 Windows 作業系統，構成一部個人電腦，或是基地臺與機房搭上對應的 protocol（通訊協定），構成 4G 通訊系統。

　　就像開一家雜貨店，需要找個店面、布置貨架，這些看得見摸得著的東西就叫做**硬體**。而老闆管理商店的概念，例如要開一家什麼樣的店，開店前做什麼，開店後做

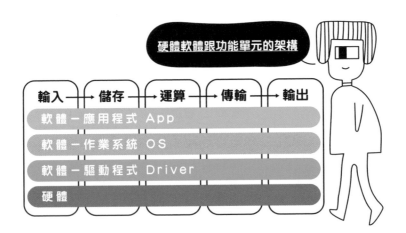

什麼，什麼商品該放哪兒，該賣多少錢……這些是**軟體**。而進貨與客戶訂單是**輸入單元**，賣出商品則是**輸出單元**，**儲存單元**自然是貨架跟倉庫，**運算單元**是每天負責營運跟盤點的店長，而**傳輸單元**則是每天搬上搬下整理貨架，以及負責收貨結帳的員工了。

　　單機進化的過程，是為了增加效率。就如同雜貨店不是一下子就成長為現在的便利超商，而是為了讓同一家店能賺更多錢，慢慢演化而來。老闆可能升級硬體（擴大或裝潢店面），升級軟體（改善擺貨方式），升級輸入輸出品質（賣好的商品），提高運算效率（請能力強的店長），或是加速傳輸單元（多請幾位店員），把雜貨店經營成小超市，升級了單店服務，如同系統平台單機進化電腦速度

越來越快，作業系統能做的事情越來越多，螢幕越來越精緻……。

　　當第一家店穩定下來後，要擴張營收，複製成功的經驗是個好方法。把經營得好的一家店，依樣畫葫蘆地開在其他地點。而多家店獨立運作一段時間以後，開始出現調貨等等的需求，配送系統跟著發展起來，就如同系統平台間的網路，應運而生。

　　店面一多，交易速度變快，交易量就會跟著變大。為了有效率地管理資源，因應快速變動，中央倉儲及配送——也就是一個系統平台——應運而生。倉儲建築是硬體，進銷存管理方法是軟體。各店的需求是輸入單元，而配送到店的貨車是輸出單元，儲存單元是倉儲中的貨架，運算單元則是倉儲管理人員，而

圖 6-1　中央倉儲

配送貨車與人員，就是架構在網路之上，新的傳輸單元。

　　單店的系統平台，加上中央倉儲配送的系統平台，成為便利超商的基礎，有效率地提供了方便購買的服務，

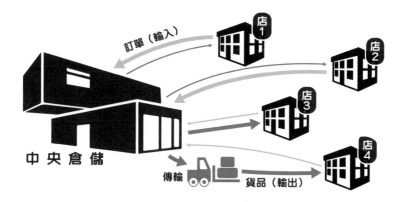

累積越來越多的客戶，架構成整個便利超商通路；讓其他的系統平台願意介接，提供販賣商品之外的服務，例如透過超商繳費，或是店到店的配送等等，這些系統平台，共用了部分的軟硬體，但也能被解構成獨立的功能單元。因此，系統平台解構起來並不複雜，不外乎是架構在硬體之上並由軟體驅動的輸入、輸出、運算、儲存及傳輸等功能單元。每個系統平台各自獨立發展，適時共用部分軟硬體及功能單元，產生新的系統平台提供服務。如同個人電腦進化到筆電及手機，速度越變越快，體積越變越小；作業系統從 Dos、Windows、Android、iOS，功能及運算效率不斷進化；而網路系統從有線到無線，電話、網際網路、Wi-Fi、3G、4G、到 5G，速度不斷提升。架構在這些系統平台之上，新的系統平台不斷的面世，如雲端運算、社群平台、物聯網⋯⋯。

系統平台之
基本運作原理

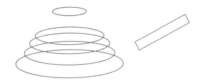

　　既然知道了系統平台的組成架構有五大基礎功能單元，包含輸入、輸出、運算、儲存、傳輸，那麼系統平台的運作原理，我們也能輕鬆拆解。

　　若以一家雜貨店的營運，來對應一個系統平台最基本的運作流程，我們可以這樣理解：

    1. 老闆進貨（輸入）；

    2. 按照歸類放入倉庫及貨架（儲存）；

    3. 客人進來提出他要買什麼商品（輸入）；

4. 店員想想，這商品放在哪兒（運算）；

5. 跑到對應貨架把貨取出來給客戶（傳輸）；

6. 客戶結帳離開（輸出）。

這像不像是我們操作電腦來安裝並打開某一個程式的流程呢？

1. 安裝某個程式（輸入）；

2. 電腦把某個程式放到對應的記憶體中，並建立捷徑（儲存）；

3. 用戶點下該程式的捷徑（輸入）；

4. 電腦找到該程式對應的記憶體，開始執行並繪製畫面（運算）；

5. 電腦把該程式打開的畫面傳到螢幕上（傳輸）；

6. 用戶看到該程式被正確打開（輸出）。

從這樣的例子中，我們可以清楚定義每個功能單元做什麼用：

1. 輸入單元：輸入資料，輸入需求數據。

2. 輸出單元：輸出資料，輸出結果數據。

3. 儲存單元：儲存資料與系統平台狀態數據。

4. 運算單元：處理需求數據轉化成結果數據。

5. 傳輸單元：搬移資料及數據的管道。

進而，我們可以理解一個系統平台的運作原理。

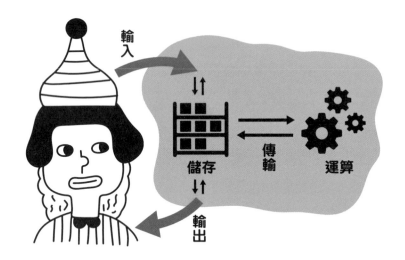

單純的系統平台運作解釋起來不難，那麼，放到網路服務平台上，我們來看看，是否有什麼不同？以一個在 Youtube 上搜尋的動作為例：

1. 某人上傳一個影片（輸入）；

2. Youtube 後台將影片存到某個主機上，建立相對位址及分類（儲存）；

3. 用戶點下該影片的首圖（輸入）；

4.Youtube 後台找到對應影片，同時找到相關分

類影片（運算）；

5.Youtube 網頁或是 App 將影片跟建議相關影片

擺放到網頁及 App 相對位置（傳輸）；

6. 開始播放影片（輸出）。

　　從功能面的角度來看，無論是什麼樣的系統平台，基礎的運作方式都是一樣的原理。而各個系統平台為了滿足應用需求，在功能單元中會發展一些獨有的機制，例如網路平台有相對複雜的資料傳輸機制，而社群平台為了資訊安全有帳號認證機制。接下來我們就來看看網路通訊、社群、雲端運算，以及物聯網這些系統平台的架構以及未來發展。

網路通訊系統平台

　　對於生活在臺灣的我們來說，網路通訊幾乎跟電力與自來水一樣，只要正常繳費，是一開就來的服務。在家有網路線，咖啡廳有 Wi-Fi，出門有 4G。網路商用化不到 30 年，對社會樣貌的影響之大，或許連 30 年前推動全球資訊網的 CERN（歐洲核子研究組織）都無法想像。

　　網際網路，包含行動通訊，在 1990 年之後進入商業化，能蓬勃發展的原因，是資訊數位化以後，能夠以較低成本快速傳遞。1990 年代初期，當時上網是要透過電話線撥接連線，撥接數據機的功能是數位資訊與類比訊號的

轉換，電腦收發數位資訊，需要經過數據機轉成類比訊號才能用電話線傳遞，為了避免雜訊影響，網路速度非常慢，就像在很吵的環境裡面，講話必須很大聲，慢慢講，才能確保對方聽見。但數位化以後的資訊，就比較不怕雜訊，例如若是使用旗語或摩斯密碼傳遞訊息，只要雙方都知道怎麼把一段話編成旗語或密碼，以及怎麼解讀成文字，環境的吵雜就不影響訊息的傳遞了。正確率高，相對傳送速度就可以加快。

近 30 年來，電信業全力提升設備，從電話線變成光纖到府，電腦通訊業的發展日新月異，從撥接、網路線，到 Wi-Fi 上網，手機更是從大金剛、小海豚（2G）到能追劇（3G/4G），進化神速。**網路業也隨著網速蓬勃發展，從跑很慢的入口網頁，到能夠直播無須擔心流量限制的各式社群平台，引領傳播業改頭換面。**零售業更是因為電子商務的發展翻江倒海。而且因為傳播與記錄都方便，系統運作之間產生的大量數位資訊，讓大數據分析變得可能。**這一切的起源，都來自「傳遞訊息」的需求，而網路通訊就是為了傳遞訊息而生的系統平台，它是現今所有服務平台的基礎建設，幾乎所有服務平台的傳輸功能都要依靠它才能完整。**現今我們接觸到的網路通訊，是網際網路系統及行動通訊系統共同運作彼此切換的結果。網際網路平台是現今通訊網路架構的統稱，而行動通訊平台則專指網際

網路中 2G、3G、4G 這些無線連接方式。接下來我們來了解網際網路系統平台跟行動通訊系統平台的架構,看看它們如何運作。

網際網路的功能,就是讓一筆資訊能夠在兩個輸入 / 輸出單元(電腦、手機及印表機等終端機器)間正確的被傳遞。因此有兩件事情要完成:

1. 找到要連接的終端機器,確定傳輸路徑。
2. 正確傳遞資訊,並確保接受端收到正確資訊。

為了要找到正確的終端機器以及傳輸路徑,若以家用網路來連接,家中電腦會擁有 IP Address 來定址,由電信業者的設備來記錄 IP 與線路之間的關係,進而找到相對應的終端機器。若以行動

通訊系統作為連接方式，SIM 卡上的門號就是 IP，而手機會固定對基地臺回報門號實際位置。差別在於行動通訊系統靠電磁波連線並傳送資訊，因此需要基地臺以廣播的模式，隨時定位手機真實的位置，讓對應的資訊能夠傳送到正確的手機上。

以功能單元的角度來看網路通訊平台，它的運算功能是非常薄弱的，畢竟網路通訊平台的功能就是資訊的傳輸，並不觸及資訊的處理。但我們網路一旦出問題，設定又相對複雜，實際上這些設定，都是為了滿足「通訊協定」的要求。**通訊協定存在的目的是定義傳輸路徑，以及規範資料傳輸方式以確保資料正確**；因此一般包含編碼／解碼的方式、資訊傳送路徑的規定、接收方收到資訊之後確認的方式等等。

想像一下有一封 email 從某個臺灣家庭的光纖網路集合到社區網路，去到電信服務機房通過海底電纜到歐洲某個電信服務機房，再進到某個區域網路經由 Wi-Fi 傳到某家公司的某臺電腦中，中間不是直接拉一條線來連接，而是經由標準化的通訊協定，在茫茫機海中找到正確的資訊去處理，並且確保傳過去的資訊能夠正確的被收到。通訊協定是網路裝置之間的共同語言，規範了資訊的形式跟傳遞的路徑與方法。**通訊協定非常清楚但龐雜，為了實現通訊協定的運作，往往需要大量軟體人才來將規範編寫成運**

作模組，相關硬體設備才能被正確切換與動作，資料也能被正確傳遞與解讀。

作為其他系統平台的關鍵基礎建設，網路通訊平台的下一步，現在看來是 5G＋高速 Wi-Fi。5G 系統提供更高的傳輸速度，使資訊傳遞更即時，或是能在短時間內傳遞更大量的資訊。這兩個特點，對於需要即時性的服務，例如物聯網、自動駕駛，或是需要大量資訊傳輸的應用，例如 VR，將產生重要影響。不過 5G 存在先天限制，它的訊號傳輸的範圍較小，並且容易被實物阻擋。我們期待電信服務商早日克服這個困擾，能夠提供更便利的服務。

社群網路

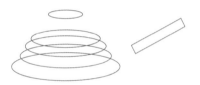

　　社群網路打破地域與時間的限制，讓我們找到彼此，分享想說的話，以及生活的點點滴滴；這種可以連結人們的服務，讓人們願意花時間在這個平台上瀏覽資訊，吸引我們的眼球黏著，也因為發文會有人看，更多人願意在社群平台上揭露資訊。社群平台成為傳播廣告業的新寵，有時候甚至成為新聞的來源。

　　在臺灣，使用社群平台很普遍，比較多人使用的社群平台，像是 Facebook，批踢踢，IG，LINE，Dcard……用戶數量高，用戶使用率也會頻繁。這些平台各有各的特色，

經由一段時間的演化，使用族群與功能，早已不只是為了分享資訊。我們要如何妥善使用這些社群平台，獲得想要的資訊，又不致過於沉迷，丟失個資，或是下錯誤判斷，是考驗現代人網路使用智慧的。

最早的社群平台，應該算是 BBS。身為 BBS 長青樹的批踢踢，以論壇形式，文字交流為主，對於發文的規範嚴謹，是網路風向的重要指標。論壇的起源，是固定主題的布告欄，幫助人們有效地針對某些議題交換意見。這種論壇形式的社群平台，隨著時代演進，架站技術進化，演化成能夠交流更多資訊，例如圖片、影片的論壇形式。這些資訊相較文字會使用更多的主機資源，也比較不容易管理，因此後起的論壇大多有較為明確的目標，如 Mobile01 談的是 3C 跟車，FG 是美容相關論壇，Dcard 是學生論壇等等。

如果說論壇是連結人與事件，那麼 Twitter、微博就是最早讓人把想說的話「沒有歸類地丟到空氣中」的社群平台，交流的焦點，從「針對一件事情討論」變成「與人交流，無論誰都好」。簡短的資訊交流，像是開一個屬於自己的布告欄，揭露的是自己想說的話，而布告欄底下有回應空間，我們可以知道其他人對我以及我說出來的話有什麼反應。很快的，Facebook 出現，揭露的已經不再只是想說的話，還包括一部分的個人資料，等於是一個帶有通

訊錄的個人布告欄。

　　上面講的是以公開資訊為起點的社群平台，而 LINE、WeChat 則是以私密訊息交流為主的社群平台。一樣是交換資訊，這一類訊息平台取代簡訊，提供一對一訊息交流服務，所以能在這一類訊息平台上與我們互動的人，通常是已經認識的人，也因此用戶對於訊息的交流，比起瀏覽布告欄式的互動，更加在意。訊息平台相較布告欄式社群平台功能單純，往往是綁著硬體或是門號運作，也因此發展對資訊安全要求高的服務，如電子支付，比較能被用戶接受。

　　以功能單元的角度來看，所有的社群平台，輸入輸出的都是資訊，這些資訊儲存在雲端的機房中，經由社群平台服務商設計出來的演算法，運算以後「決定我們看到什麼資訊」，再經由上一節提到的網路基礎建設傳到用戶的電腦或手機上。所有的社群平台，都具備「帳號管理系統」，作為平台演算法的依據。每個帳號代表什麼樣的身分（性別／年齡／國家／工作……），這些帳號做過什麼，喜歡看什麼，帳號與帳號之間的關係……演算法根據帳號過往的行為，推薦這個帳號會想看的資訊，這是「同溫層」的來源，你看你想看的，演算法也會推薦你想看的，久而久之我們就看不見我們不想看的資訊了。

　　社群平台的演算法，同時也是他們的收入來源，既

然社群平台能針對每個帳號的基本資料與過去行為來推薦內容，自然也可以推薦精準的廣告。在社群平台興起以前，商人是評估哪個電視節目大概吸引什麼樣的觀眾，找出收視率高的時段透過廣告代理商投放廣告，而現在是能夠自己在社群平台上勾選資料，把廣告直接投放給符合例如「香港 / 未婚 /23~40 歲 / 用 iPhone 上網的 / 女性用戶」這些條件的帳號，在買廣告的這段時間裡，在她們上Facebook 的時候就會看見我的廣告。這樣的廣告價格低，準確度高，因此越來越多廣告捨棄一般媒體，擁抱社群平台。

　　既然知道社群平台能用演算法決定我們能看到什麼，身為用戶，我們更要有意識地判斷這些資訊是否都是片面的，只是一個事件的某一種看法，才能避免讓社群平台決定我們的觀點。除此之外，個人資訊揭露的程度，也是使用社群平台需要注意的事。個人布告欄式的社群平台，如Facebook、IG，原本就偏向揭露比較多的個人資訊，例如打卡其實是告訴大家我現在人在哪裡，標記朋友的照片則是幫助演算法增強臉部辨識的能力。社群平台的發展是為了社交，這些功能都是合理的，既然社群平台已經占滿現代人溝通的管道，並且早已有更多服務架構在社群平台之上，例如新聞入口、商品買賣、直播分享⋯⋯我們也無需矯枉過正，放心的擁抱這些便利，只是要有意識地知道自

己在做什麼，可以讓我們不至於被社群平台上形塑的氛圍
影響太多。

雲端運算

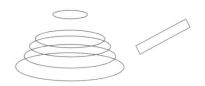

雲端運算是一種架構在網際網路平台之上，共用資源的運算方式。之所以叫做雲端運算，是因為儲存及運算設備對用戶來說，像是一朵雲一般，架在使用者看不見摸不著的地方。對於用戶來說，看得到的就是從終端（電腦／平板／手機）發送一個需求（輸入），從終端再收到結果（輸出）。廣義來說，只要運算不在用戶手上的終端機器上面處理，就可以被稱為雲端運算。最早可能是在網頁上玩的小遊戲，到現在讓 AlphaGo 能夠打敗棋王的運算資源，都是雲端運算的一種。

　　採用雲端運算與單機運算最大的差別，是可以將運算資源發揮到最大。想像一部電腦在不使用的時候，是沒有發揮的，但若這部電腦是雲端運算資源的一部分，它是有機會為其他終端做運算服務的。

　　在一般的定義中，雲端運算有三種可能的服務方式：

　　1. 軟體即服務 (SaaS)：此為服務商提供遠端的軟體服務，用戶用帳號密碼就可以使用資源，例如 SalesForce、Gmail。

　　2. 平台即服務 (PaaS)：服務商提供主機操作的應用程式，讓用戶可以布建自己要的軟體服務，例如 Google App Engine，Google Analytics。

　　3. 基礎設施即服務 (IaaS)：客戶直接租用基礎設備，

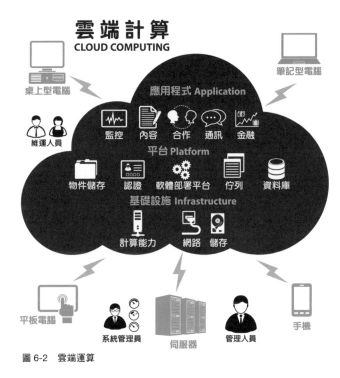

圖 6-2　雲端運算

如主機、儲存空間……用戶可以直接運用基礎設施的附加功能，控制並開關租用的設備，建立平台，並在平台上架構軟體服務，例如 AWS、Google cloud service、Microsoft Azure。

　　這三種服務模式，我們也可以理解成三種服務層次，最底層的是 IaaS，在 IaaS 之上架構了一些軟體功能模組，就成為 PaaS，倘若在 PaaS 之上，架構了面向終端用戶的軟體，就是 SaaS 了。

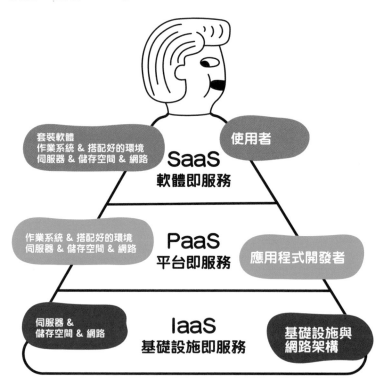

　　這三種雲端運算服務方式，一般人聽起來會很陌生，因為只有 SaaS 是一般用戶碰得到的，PaaS 跟 IaaS 都是後台軟體工程師的工作範圍。近幾年歸功於網際網路平台成熟發展，以及優秀工程師們開放的「分散式運算」原始碼，我們開始得以把一個非常巨大的演算法切成許多小段，在許多的主機上運算之後，再把多段的結果組合起來，成為完整的結果。這個過程讓後台軟體工程師能夠發揮的空間變得很大，例如思考如何有效率地靈活使用雲端運算資源來不斷加速運算分析，同時服務更多客戶。因此就在近幾年，發展於雲端運算平台之上的服務平台越來越穩定，同時能服務越來越多的客戶，資訊交流的即時性也越高。

　　分散式運算的好處，除了可以縮短運算時間之外，也能加強資訊安全。以前所有的資訊都被集中儲存管理，若是後台被駭客入侵，竄改了資料，工程師或用戶只能等到被錯誤影響了，才會知道資料不正確。但如果把一段資料拆成很多小段分開運算並儲存，每份資料都備份在多個機器之上，這樣一來，若有一小段資料被竄改或是丟失，後台的偵錯程式可以找出錯處。這其實就是「區塊鏈」雲端帳本的基本概念。將一份帳本分散儲存在多處以確保資料是正確的，用數據運算結果來主動偵錯，而不是被動的防堵機制或駭客大戰。當然區塊鏈有自己的特殊規格，與雲

端運算不盡相同，只是概念的延伸。但起碼我們知道基本概念，**也可以想像當中央運算及儲存系統都不存在，只用終端機器上面的運算儲存及傳輸資源，還是有平台服務可以產生。**說到頭來，無非是只要具備主要的五個功能單元，就有構成系統平台的條件！

　　雲端運算資源加上分散式運算，以及終端之間的直接通訊平台，除了讓大數據分析、AI 應用這一類需要大量消耗運算資源的服務得以實現，也帶來區塊鏈應用，同時讓物聯網、車聯網變成可能。雲端運算系統的建立及維運，沒有如同網路通訊平台一般清楚的協定，也因此雲端運算系統需要針對不同的服務做配置以及營運監控，這讓近幾年 IT 業發生很大的變化，也創造了很多的新機會。預估雲端運算將會繼續發展滿長一段時間。

物聯網

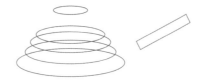

　　物聯網（Internet of Things），顧名思義是將物品都連接上網，讓現實生活完全數位化。想像在各個場域之中，例如家裡、教室、醫院、工廠……所有的設備都能夠連上網路，能夠被集中管理及控制，有一天甚至可以各自分開運作，也可以互相連動，甚至是互相調節，運作過程中產生的數據還能幫助分析環境及流程。光憑想像，這些應用就十分的吸引人。以架構來看，網路通訊平台以及雲端運算平台將是物聯網的基礎建設，輸入和輸出單元則是各式各樣的電子物件。實際上物聯網是個剛開始起步的平台，

還沒有一個獨大的服務存在，接下來我們就來看看物聯網可以創造什麼價值，而至今還沒有實現是為什麼。

除了便利之外，物聯網可能創造的最大價值，是能夠收集過去不曾收集到過的海量數據，並且讓這些數據無需經由人的處理，就可以產生效益。例如，現在要維持家裡的空氣品質，要先買空氣品質檢測器，檢測 $PM_{2.5}$、二氧化碳濃度……這一類數據，還要自己下一個判斷，什麼樣的數據時需要去開空氣清淨機或負離子機、全熱交換器（將戶外的氧氣交換室內的二氧化碳）…… 但如果這些數據都上網了，系統收集到的會是連續的數據，最後可能出現的結果是，戶外空氣品質差到某個狀況時，家裡的窗戶會自動關閉啟動空氣清淨機，而回過頭來，長期收集空氣品質以及空調相關的數字以後，系統最終會知道這家人感覺最舒適的溫溼度跟空氣清淨度。

物聯網的想像空間大，但第一個門檻卻很高。想像一下能夠連接上網的，一定是能夠傳送接收數位訊號，並且可以用數位訊號控制的物品。例如 LED 燈可由數位訊號控制，但一般燈管不行，電磁爐可以聯網，但旋鈕式瓦斯爐不行。因此在一個已經存在的場域裡，要實行物聯網，第一個問題就是如何讓目前使用中的設備能夠連上網路，並產出數位訊號，開始運作。這當然需要汰換大量設備，也代表會有很大的硬體商機。

有了連接上網的物件之後，則是要實現物品之間互相連動與調節所需要用到的演算法。物聯網很特別的地方是，我們無法窮舉每一個使用者行為，因此物品之間互相連動與調節需要用到的演算邏輯，沒有辦法完全固定，而必須要保留物品間互相溝通的空間，並且允許由事件來驅動物品間的行為，處理意外狀況。為了保留這個彈性，每個物品上面必須有互相溝通協作的功能，但這些物品本身又不具備大量運算的能力，因此跟網路一樣，一直有人在試著發展物品間的通訊協定，試圖讓連線物品們之間可以溝通，並在過程中排除一些比較簡單的問題。不過截至目前為止，那個獨占市場的平台規範還沒有出現。

物聯網的隱憂，則是資訊安全。如果我們生活環境中的每一個角落，產出的每一個資訊都在物聯網上流通，想想有多少個人資料在裡面，更何況這個物品或機器本身，可以取得環境資訊，如攝影機、智慧門鎖……倘若駭客入侵了，個人隱私是極容易被侵犯的。

物聯網代表的是極致的便利，想像當生活上需要的工具跟器具都能夠隨時甚至主動提供最好的服務時，我們一天將可以少處理多少瑣事。這始終將是一個不可逆轉的趨勢，雖然現在還無法全面實現，但這表示科技在系統平台上還有很大進化的空間，將有非常多的新服務與新機會，將在物聯網中的發展中應運而生。

系統平台的未來

　　系統平台已經累積進化幾十年，從一部電腦變成雲端運算，加上網路通訊平台就可以提供各式各樣的服務。服務是會持續存在、繼續進化的，因此這些累積疊加的過程不會停止，過程中需要各式各樣的科技人才。想像十年後，物聯網可能已經幫我們決定了很多生活中的瑣事，而收集而來的數據又將要創造什麼不一樣的生活模式，這些變化讓人很期待，也更讓人相信，對科技的基本認識，能夠讓我們更快適應未來的生活！

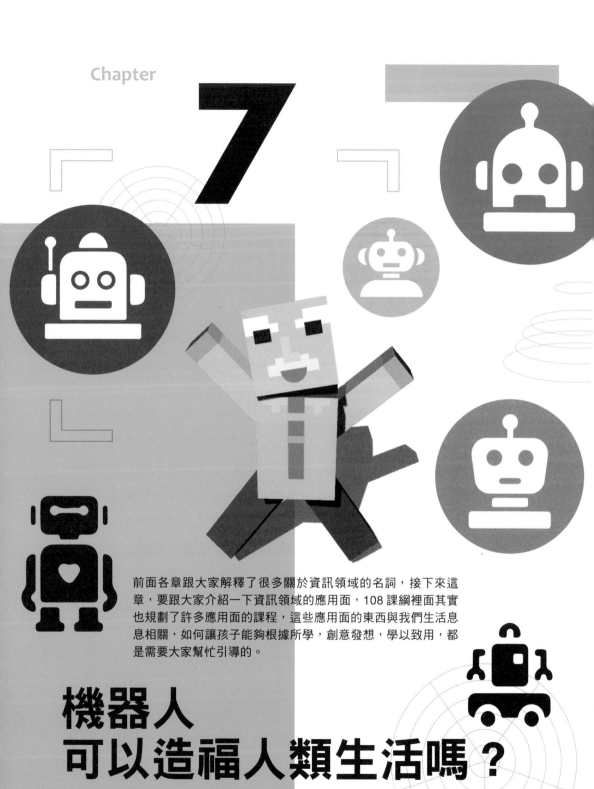

前面各章跟大家解釋了很多關於資訊領域的名詞，接下來這章，要跟大家介紹一下資訊領域的應用面，108 課綱裡面其實也規劃了許多應用面的課程，這些應用面的東西與我們生活息息相關，如何讓孩子能夠根據所學，創意發想，學以致用，都是需要大家幫忙引導的。

機器人
可以造福人類生活嗎？

設計與製作

市售有很多膠囊咖啡的機器，但您感受過手沖咖啡的魅力嗎？大多數的人還是喜歡手沖咖啡，手沖咖啡擁有不同於其他咖啡的細膩層次，而每個人、每個地方，都有屬於自己的沖泡方式；如果您想在家喝到世界冠軍咖啡師的頂級手沖咖啡，iDrip 智能手沖咖啡機就強調它絕對能符合您的期望！

iDrip 與世界冠軍咖啡師合作，依據冠軍咖啡師得獎的作品，包含使用的咖啡豆、磨豆的粗細、用氮氣充填製成耳掛式隨身包，再加上咖啡師要求的沖泡水量、溫度、沖

泡手法、甚至沖泡路徑，將其轉變成運算程式裡的變數，
採用陀飛輪精密工藝設計，與充滿運算程式的智能設備，
精準地完美呈現世界冠軍咖啡師的手沖手藝，讓您隨時隨
地品嘗世界頂級的
手沖咖啡。

　　這臺機器的研
發團隊，除了沖泡
咖啡的技術外，用
陀飛輪的概念，加
上大數據的分析，
搭配 AIOT 與專屬的
App 完成了這精巧
的作品，這些工藝
設計與資訊科技的
整合運用，在在證
明有人性化的科技
設計可以讓我們的
生活更美好。

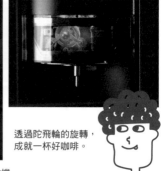

透過陀飛輪的旋轉，
成就一杯好咖啡。

圖 7-1　iDrip 智能手沖咖啡機

AIOT：
　　人工智慧（AI）與物聯網（IoT）的結合縮寫。

史丹佛大學的熱門課程──設計思考

　　咖啡機那麼多種，要怎麼做出差異化，且能吸引眾人目光？這短短的幾句話，在看到 iDrip 智能手沖咖啡機時，你看到了什麼？

　　在您回答之前，我們想要先介紹一下史丹佛大學設計思考學院的熱門課程「設計思考」。設計思考是一個以人為本的解決問題的方法流程，它是 IDEO（美國知名的設計公司）的創始人，David Kelley 研究出來的一個解決問題的方法。IDEO 是第一家將設計思維應用在解決商業問題的公司，後來在美國史丹佛大學創建著名的 D.school，這個課程之所以熱門，是因為它是一門跨學科的課程，可以讓不同學科的學生們一起討論如何解決一個問題。

一流的設計師
如何思考社會問題？

插播

DESIGNER

https://udn.com/news/story/7232/3128502

　　設計思考標榜有五個步驟，分別是「同理心」、「需求定義」、「創意動腦」、「製作原型」、「實際測試」。他是一個以人為本的解決問題的方式，也因此第一個步驟就是「同理心」。

144

　　我們舉史丹佛大學最有名的一個設計思考案例來講述，學生們運用設計思考的方法，開發出嬰兒保溫袋，幫助印度偏遠地區的母親，免於失去新生早產兒的痛苦。時間推到 2008 年，當時全球出生的 2000 萬早產兒中，有接近 400 萬人，活不過第一個月，就死去了，特別是在那些貧窮地區的嬰兒。一開始他們發現歐美的醫院中，所使用的嬰兒保溫箱價格昂貴，因此他們認為貧窮地區的醫院可能無法負擔，於是學生們想要設計一個低成本的嬰兒保溫箱，以適合偏遠地區使用。根據設計思考的第一步──同理心，他們跑去早產兒死亡率最高的尼泊爾與北印度做調查。他們發現當地的生活落後，醫療資源缺乏，許多孕婦的家距離醫院很遠，大約需要四小時以上的車程。時常有剛出生的早產嬰兒，因為出生之後，父母來不及送往醫

院的保溫箱，因而失溫致死。這才是問題的所在啊！所以他們訪問當地的醫生、護士和母親們，透過腦力激盪，產生數十種的設計模型，運用不同的概念和保溫材質，經過不斷的實驗改進，結果研發出嬰兒保溫袋。這個保溫袋，使用過程中不需要電源，可以重複使用，體積小，可以重複加熱，能保護早產嬰兒度過危險期，拯救了不少當地的早產嬰兒。

講到這，好像會讓我們想到最近一個非常熱門的名詞——「素養」。108課綱裡面強調的「素養」就是希望孩子們能夠利用所學，發展解決問題的能力。學習不是只有在學校，學校教育是在幫忙打地基，當地基打好，孩子們可以利用所學舉一反三、觸類旁通，將所學、所想解決的問題能夠有邏輯地循序漸進去處理好。這不是一次考試測驗就可以解決的事情。還記得孩子從出生以後，也是慢慢地從翻身到可以趴、可以爬才可以走的，這些過程都不是一兩天就可以完成的，這一切都需要累積經驗，不斷地練習才可能達到現在的狀況。

回到 iDrip 智能手沖咖啡機，它有用到設計思考嗎？愛喝咖啡，喜歡品嘗咖啡的人越來越多了，大家的味蕾也越來越挑剔，如何讓大家在家裡就可以喝到冠軍大師沖煮的咖啡，這是 iDrip 智能手沖咖啡機一開始以「同理心」的角度開始發想的事情。有了同理心，去了解大家的需求

與想法後，就要開始整合並且去實行，收集大量的資料，拜訪冠軍咖啡師們進行協商授權，記錄冠軍咖啡師沖煮咖啡的溫度、手法、速率、水量等等，把這些冠軍咖啡師的沖泡技術轉換成智能運算與可被簡易操作的機器，讓咖啡愛好者可以在家依樣畫葫蘆地沖煮。

在解決問題的過程中，若少了同理心，那會有什麼樣的產品出來呢？

在解決印度早產兒問題時，若跟原先空想的一樣，只做出大量的保溫箱，但早產兒可能入院前就已經去當小天使了，那保溫箱再多也沒用。同理，如果沒有同理心，不去跟任何一位冠軍咖啡師細談、研究與記錄他們沖煮咖啡的經驗，那就跟一般咖啡機沒有太大的區別了。

設計思考另外一個很有名的案例，就是 IDEO 公司當初接到的一個案子——希望能夠提升火車的載運量。初看到這個案子名稱，大家一定只會想到要如何將車廂的使用率最大化，然後再去想辦法解決車廂乘坐的舒適與否，但真正要提升火車的使用率是改善這些就好了嗎？運用設計思考的步驟，他們蒐集了乘客的心聲，用同理心了解，原來，最讓乘客詬病的是車票不好買，不論是現場購票的動線或是上網購買時的頁面操作，都讓有意願乘坐的乘客有不好的經驗，進而讓大家一想到火車就想到很難買票，於是大家就找其他的方式到達目的地。所以如果當初只改善

車廂，不管購買車票的流程，再好的車廂也無人乘坐。知道了乘客在乎的事情，想辦法改善，不但簡化了購票流程，提升了購票率，也讓更多人有意願搭乘火車。

先回歸 108 課綱裡面也有包含的「設計思考」，雖然看似偏向我們以前的工藝課程，但其實也需要有一些科技應用的先備知識，不管是嬰兒保溫袋或是咖啡機，都是利用已經有的概念去換位思考所發明的產物。

不論是哪一種「設計思考」，我們都知道，要發明創造出一項產品，絕對不可能單靠一個人去創意發想與製造出來，這部分筆者認為，對國中以上的學生而言，應更強調 4C 的重要，即批判性思考（critical thinking）、溝通（communication）、協作（collaboration）、創造力（creativity）。尤其是溝通與協作的部分，這對未來要進入社會工作，不論是當老闆或是當員工，都有很大的幫助。人是群體的動物，我們要如何把自己的想法講清楚、說明白，如何讓大家接受或認同，當不被接受或認同時，如何將自己的心態調整好，這都是需要不斷學習的。就如同設計思考解決問題的方法，身在團隊中的每個人對解決問題的對象發出同理心的同時，其實對一起共事的人也都需要有同理心，這樣大家朝同一個目標邁進時，才能夠很享受其中的成果。

你們……年紀會不會太小了點？

　　「飛哥與小佛」是現在的小朋友很喜歡的一個卡通節目。卡通中的主角人物秉持著「想像力是發明的原動力」的原則，每天都給自己不同的嘗試。試著想想看，支持環保並愛喝咖啡的人，通常會喜歡膠囊咖啡抑或是手沖咖啡呢？當你愛上手沖咖啡越喝越上癮時，卻無法每天都去喝大師級親泡的咖啡，該怎麼辦呢？如果飛哥跟小佛知道了，他們可能會做個任意門，輕易地取得你愛喝的產地咖啡豆，用他們做出來可以很快下單與收到的快遞工具買到烘焙咖啡的機器，並神通廣大地找到世界冠軍的筆記或是請世界冠軍教他們怎麼沖煮咖啡，然後在他家後院沖煮咖啡請你喝，這時一定有人會問他們，你們做這件事年紀會不會太小了點？

　　年紀大小跟做什麼真的有關係嗎？筆者曾經遇到一個二年級的男生問我是否會做風箏，筆者跟他說，「我不會耶，而且我也沒做過。」他很驚訝地告訴筆者，他爸爸跟他說，「長大就會了」，所以……衝著這句話，筆者帶著他上圖書館，一起找資料，也帶著他尋找 Youtube 上面做風箏的影片，確認好應該準備的工具，約定好時間一起來做，或許筆者認識的字比他多一些，知道的幾何圖形比他多一點，但他去試飛之後再不斷改善的能力真的比我

強很多，他也會跟筆者分享他在實驗後去圖書館找了一些參考資料發現了重心，以及不同的季節風吹的方向等等，小學二年級的年紀做風箏會太小嗎？或許不會，但筆者相信，比起他同年紀的孩子，懂得去蒐集一些相關的背景知識，他可能是提早了一些。

位於屏東恆春半島的牡丹鄉的石門國小，與屏東大學資訊系合作，學習程式設計並參加第一屆「Minecraft 程式設計創意大賽」，在創意組 5 組優勝作品中拿下 3 組，在比賽中脫穎而出，大放異彩。部落的孩子懂得珍視自己的文化，思考如何將文化傳承下去，利用他們的創造力，還原排灣族部落中傳統婚禮、石板屋、狩獵等，也有孩子在設計的過程中，認識了自己所屬文化的價值，並找到對自己身分的認同感，您說孩子太小不懂這些嗎？

筆者也曾碰過有人詢問是否可以讓小一的孩子學習python，因為這孩子在大班時就已經會 C 語言了。他爸爸從小就培養他語言的能力，教導他邏輯的概念與自身了解的 C 語言，每個孩子的能力不一樣，我們不需要羨慕別人達到什麼樣的程度。

每個人都有擅長與不擅長的地方，最重要的是找到學習動機，並可以利用自己的興趣去尋找資源、尋找答案。現在的孩子們生活資源與資訊都比以前多很多，現在很多行業也都是三四十年前沒有的，以前我們會說，要給孩子

魚吃，不如給他們一根釣竿，但如今還要檢視釣竿是否符合現在世界的需求？如果不行，我們是否可以陪伴著孩子，一起去尋找或發明他的釣竿呢？

科學家的基本功

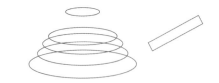

　　掃地機器人越來越普及，我們一起來想想看，掃地機器人用了哪些新的概念？輪軸的原理帶動了掃把、真空馬達吸進灰塵、感應器偵測到要碰撞所以會轉彎、執行掃地時的路徑、自動回到充電座等，這些不管是硬體或軟體的使用，似乎不是只有在掃地機器人上可以看到，吸塵器與電子設備的結合產生了讓家庭可以自動變乾淨的夢幻組合。

　　從 iDrip 咖啡機來想想，陀飛輪的概念並不是最新的科技，氮氣裝填耳掛式咖啡也是早就在用的技術，條碼辨

識更不是新技術，但要怎麼運用這些技術，來解決我們希望可以在家喝到大師級咖啡，這是學習與思考的重點。

學會程式語言，並開發一個購票系統其實並不困難，困難的是如何將購票的流程讓操作者覺得流暢好使用，這就需要找到一個適合的演算法來處理。

大家都知道阿基米德利用槓桿原理製作出投石器、起重機等武器來保衛國家，這些原理本來都存在於世界上，如何利用這些原理發明一些符合當時社會所需的物品，是大家可以認真思考的課題，我們日常生活中的所有事情，其實也都是根據原本就有的原理，來順應世界做個改變的。比方説，我們前個章節所提到的從雜貨店到系統平台，也是一樣的概念去衍生出來的。

上述的這些例子，回應了我們最初所討論科技的本質、科技的演進，其實都是為了改善人類的生活，要讓人類的生活更加地方便舒適，108課綱中提出的科技的

設計與應用，就是希望孩子學習到的是一些基本的知能，而這些知識與技能並不是在一堂課或是一個學習就可以完成的，還是需要經年累月的學習與觀察，以及仰賴師長們的引導讓孩子去思考，無怪乎前臺灣大學校長傅斯年說，一個人一天只有 21 個小時，剩下的 3 個小時是來沉思的。再次強調，培養孩子們的閱讀習慣，培養孩子的思考與反思，利用這些知識，搭配上生活習慣，創意發想、設計思考，便能產出新時代的產物。

資訊科技應用
創造豐富美好生活

我們生活在一個充滿著資訊科技應用的世代，透過隨手可得的資訊科技產品與服務來創造豐富美好的生活，舉例來說，當我們要出門去旅行的時候，就會用到下列的資訊科技應用：

▌ Google 搜索旅行資訊
▌ 在臉書上詢問朋友建議
▌ 在 LINE 上面開個群組把親友拉在一起討論行程
▌ Booking.com 預訂住宿飯店
▌ Google Map 查看地圖與導航
▌ 手機的 AI 相機拍下美美的風景照與自拍照
▌ 旅行影片放到 Youtube 上分享
▌ 在臉書上貼遊記晒照片
▌ 還有其他你想得到的旅行相關科技資訊應用

資訊科技應用已經廣泛地圍繞在我們生活的周邊，我們要如何透過這些產品與服務來創造豐富美好的生活？它們目前常見的系統架構是如何的呢？接下來我們將分享常見的應用服務，以及在選用上的想法，帶領讀者了解資訊科技應用的系統架構。

8.1

資訊科技
產品與服務

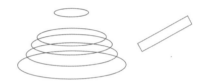

打開我們的手機，裡面會有哪些應用 App 呢？除了經典的 Google 搜尋引擎（匯整全球資訊，供大眾使用，使人人受惠），日常跟親朋好友聯絡用的 App，像是 LINE、Facebook Messenger、WhatsApp、WeChat；

圖 8-1　應用 App

社交 App，例如 Facebook、Instagram、Snapchat；聽音樂與 K 歌的 App，像是 KKBOX、Spotify、唱吧、全民 K 歌；自製影片分享 App，像是 Youtube、抖音；還有手機 App 商店，像是 Google Play 商店、Apple App 商店等。

在 Google Play 商店和 iPhone App 商店裡，可以看到已經分類好的各式應用，例如：

遊戲	Minecraft、糖果傳奇、閃耀暖暖、極速領域、絕地求生、傳說對決……
照片和影片	Snapchat、Youtube、Instagram、Ulike、抖音 TikTok、無他相機……
購物	淘寶、蝦皮購物、momo 購物、GOMAJI、UNIQLO、 MUJI、生活市集……
健康與健身	童顏、小米運動、小月曆、 Nike Run Club、換髮型、 NBA、個人運動計畫……
旅遊	臺鐵 e 訂通、 Uber、 Trip、 Agoda、 Booking. com、臺灣高鐵、Bus+、KKday……
美食佳飲	Foodpanda、 Uber Eats、Starbucks、愛料理、愛食記、Corkz、Wine-Searcher……
約會交友	Tinder、 JustDating、SweetRing、iPair、Eatgether……
社交	Snapchat、 Instagram、LINE、 Facebook、WeChat、小紅書、狼人殺……

教育	Udemy、VoiceTube、 TED、開言英語、形色、成語辭典、迷你消防員……
商業	Slack、 ZOOM、 OfficeSuite、 FTP、 PDF、Scanner、EasyLive、 vMEyeCloud……
生產力工具	Gmail、 雲端硬碟、 翻譯、Forest 專注森林、Notability、iMindMap、Popplet……
娛樂	愛奇藝、LINE TV、 Mystery、唱霸、全民party……
天氣	中央氣象局 W、 觀氣象、天氣預報……
生活品味	全聯福利中心、統一發票兌獎、 斗數妙算、論八字……
地圖與導航	Uber、 臺北等公車、神盾測速照相、Google Map、PAPAGO、樂客導航王……
汽車與車輛	遠通電收 ETC、 Car Launcher Pro、 Omnie 全方位語音助理……
房屋與房產	591 租屋、 樂屋網、實價登錄地圖……
音樂與音效	Spotify、KKBOX、 全民派對……
財經	記帳城市、臺股大學堂、保險小存摺、定存股、記帳 CWMoney EX……
圖書與參考資源	靜讀天下專業版、花盒小說、有聲書、翻譯、電子辭典……
醫療	全民健保行動快易通、智抗糖、解剖和生理學……

　　前面這個表格還沒有辦法把全部的 App 類別都寫下來喔！

　　您知道在 2018 年，App 的全球下載數量是多少嗎？分享 App Annie 針對 2018 App 商店下載量的數據，全球 App 的下載量已經超過 1,940 億次，是不是非常的驚人！**資訊科技應用已經廣泛地圍繞在我們的生活周邊，這些 App 的創造都是來自於人們對於美好生活的盼望 (當然也有其商業利益與經濟價值)。**

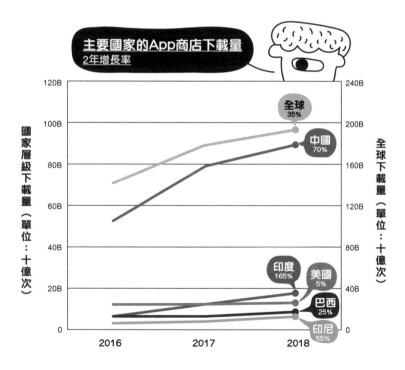

資訊科技產品與服務之選用

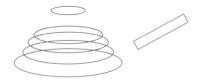

　　我們很幸運地生活在這個世代，除了有這麼多的資訊科技產品與服務可以使用，還有很方便的開發平台來開發新的應用。**若是我們能夠妥善地運用這些資源，相信可以創造更豐富美好的生活。但是資訊科技產品與服務只是輔助工具，並不會告訴我們如何創造美好的生活，也不會因為擁有這些可以應用的工具就會擁有美好的生活，事實上我們心中得先有目標與想法，然後根據目標與想法去選擇使用哪些產品與服務來幫助我們達成目標。**所以，第一個問題是， 怎樣才會擁有豐富美好的生活呢？哈佛大學成年

發展研究中心的羅伯‧沃丁格教授在 TED 的演說中，分享
了一個長達 75 年的研究成果，主題是「造成人類幸福的
關鍵因素到底是什麼？」答案是
「良好的關係，讓我們保持更幸
福、健康！」

　　「良好的關係，讓我們保持
更幸福、健康！」是的，我們有
人際關係的需求，而且人際關係
的質量直接影響了我們生活的品
質。從 App 使用的情況也可以看
到這樣的需求，根據 App Annie

TED 演說影片：
羅伯‧沃丁格

https://www.ted.com/talks/robert_waldinger_
what_makes_a_good_life_lessons_
from_the_longest_study_on_happiness/
transcript?language=zh-tw

針對 2018 年 App 使用情況的調查，社交和通訊 App 的
使用時間在全球 App 總使用時間中占了 50%，跟隨在後
面的分別是影音播放與編輯 App 占有 15%，而遊戲 App
則占有 10%。

　　**我們平均每天花費 3 小時的時間使用手機 App，其
中一半的時間花費在社交和通訊 App，我們再進一步分析
影音播放與編輯以及遊戲 App，它們的功能通常也都有包
含了社交元素在裡面，由此可知，我們花費了很多的時間
來滿足自己在人際關係上的需求。**但是如果僅僅只是把時
間花費在應用上面，甚至沉迷在應用上，而忽略了良好的
關係其實是建立在人與人之間用心的互動交流與支持，很

有可能最後我們還是無法建立良好的關係。舉一個負面的例子，如果我們是抱持著與他人比較的心態來使用臉書，看到他人分享的生活多采多姿，心裡不自覺就會產生嫉妒羨慕。**App 應該是中性的，是輔助的工具，我們採用什麼樣的觀點去看待它，就會如何去使用它。** 從正向的角度來看，**在生活中，當我們把焦點放在親朋好友、同事身上，用心交流，關心與了解對方，善用 App 的便利性當作施力的槓桿，就能有效地增強並創造美好關係。**另外，社交和通訊 App 在使用時，要注意它的**隱私設定**，主動去了解分享的貼文有哪些人會看到及如何設定誰能看到分享貼文。再來，**「登入的安全性」**也必須注意：如何防止帳號被盜用？如何**設定帳號登入的方式增強安全性**？例如開啟二階段的認證方式。再來是**關於同溫層的議題**，社群媒體推薦的內容會來自我們的朋友圈，以及根據我們的喜好來推薦，慢慢地我們接收到的資訊就會被局限而失去多元性。**如何增加多元性避免偏見或是族群分裂**？這些都是我們在選擇與使用這類應用時要考量到的。

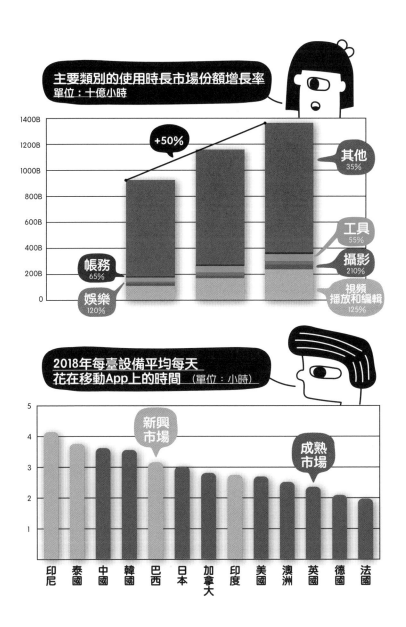

　　根據 App Annie 的調查，影音播放與編輯 App，是花費時間第二多的應用類型。 我們常用的 App 有 Youtube、抖音、Netflix、愛奇藝、小影、巧影等，有些是免費下載就可以使用，像是 Youtube、抖音，為什麼他們願意讓使用者免費使用呢？他們的商業模式，並不是藉由使用者付費來獲得營收， 而是透過廣告展示版位的販售、主播營收的分潤、及購買影片曝光率等方式來獲得營收， 因此他們會想辦法吸引更多的使用者， 使用者越多就代表有越多人能看到廣告與觀賞直播，就能帶來更多的營收；也就是說，當我們選擇使用免費的 App 時，很難避免地會看到廣告。另外對於直播主或是頻道經營者來說，影音 App 就像是一個營運平台，使用者可以直接透過平台付費給直播主或是頻道經營者，平台則會從中分潤。

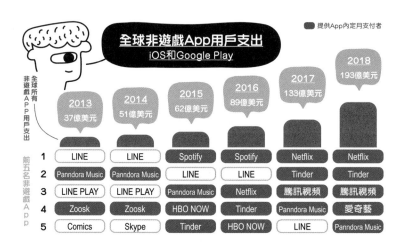

　　有些影音編輯 App， 基本功能版本可以免費下載，如果需要更多的功能，則是需要付費下載專業版，例如小影 App，付費就能下載小影 PRO，這類型的 App，我們可以先下載免費版來試用，等到需要更多功能的時候再付費安裝專業版。

　　目前追劇看電影用的影音播放 App，大多都是免費下載使用，可以觀看部分免會員的戲劇與影片，或是需要先看些廣告才能免費觀賞影劇， 這類型的 App 有提供會員制，訂閱付費成為會員，就能觀賞更多的戲劇與高畫質無廣告的影片。根據 App Annie 的調查，影音播放 App 已經成為全球非遊戲 App 用戶支出的最大占比了，前五名已經占了四個名額。

　　選擇已經**有取得影劇版權的影音播放 App**，不使用盜版的影音網站來追劇、看電影、聽音樂，這樣才能對整個戲劇電影圈帶來正向發展的力量。

　　遊戲 App，根據 App Annie 的調查，是花費時間第三多的應用類型，占有 10%。 雖然遊戲 App 的花費時間占比只有 10%，**但在應用商店用戶支出中卻占了 74%。**

　　我們在使用遊戲 App 的時候，要避免遊戲成癮與過多的費用支出。選擇優質故事內容， 強調社交元素，或是鼓勵外出與人接觸的遊戲，都是不錯的選擇。這裡特別介紹一個擴增實境遊戲公司 Niantic，它推出的兩款適地性擴

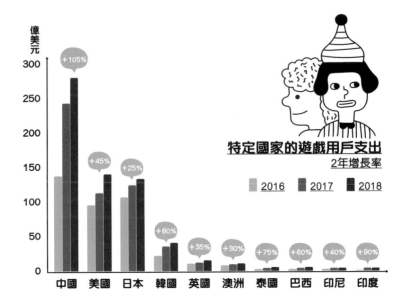

增實境手機遊戲 Ingress 與 Pokémon GO，主張新的遊戲方式：

■ 探索世界

■ 運動

■ 在現實世界與他人交流互動

　　遊戲公司結合遊戲內容在世界各地舉辦一系列的活動，讓遊戲玩家聚集在一起競賽闖關，例如 2014 年在臺北的 Helios Anomaly 任務活動。還有 2019 年 6 月 8 日在澎湖舉辦的 Mission Day。

　　其他類型的應用，像是健康與健身類型的 App，根據我們的需求與興趣來選擇，例如 MyFitnessPal 可用來計算卡路里和膳食追蹤；Sweat with Kayla 私人健身教練的 App，Yoga Poses 教我們做瑜伽；Calm App 與正念 App 幫助我們進行冥想。在工作職場上，我們可以選擇線上多人協作的平台，像是 Google 雲端文件與硬碟，用 Slack 來進行有效率有組織的團隊溝通，用 Zoom 與

Helios Taipei
活動影片

https://www.Youtube.com/
watch?v=sltBNQCtBR8

Google Hangout 進行遠端線上視訊會議，善用科技應用，增加工作效率、節省時間成本。找工作、累積職場人脈，可以透過 LinkedIn 這類型的應用服務。自我學習，可以利用教育學習類型的應用，像是 iTunes U、Coursera、Udacity、Udemy、各大學的開放課程、網易公開課等。學英文也有許多線上個人家教的平台或是語言交換平台，像是 TutorABC、EF English、Tandem。由於隨手可得，**隨時隨地都能提供服務的便利性，讓我們節省時間成本，更能專注在目標上，創造我們要的生活。**

資訊科技的
系統架構介紹

　　目前大多數的應用主要由兩大系統區塊來組成，一塊是使用者用戶端的系統，另一塊是雲端系統。我們藉由 Youtube 的使用情境，來說明這兩大系統區塊的樣貌吧！

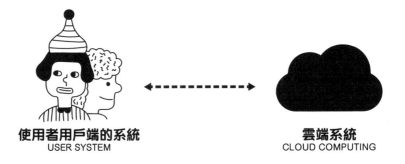

使用者用戶端的系統
USER SYSTEM

雲端系統
CLOUD COMPUTING

168

▎ 使用者用戶端系統

常見的使用者用戶端系統有下列三種：

▌ Android 手機版本的 Youtube App

▌ iPhone 手機版本的 Youtube App

▌ 還有在電腦上用瀏覽器來瀏覽 Youtube 網頁

Youtube 應用在 Android 與 iPhone 兩套系統中的使用介面看起來很像，不過對於應用開發者來說 ，Android 與 iPhone 其實是兩個截然不同的系統平台，而網頁的開發者，則是採用 Web 開發技術來完成。目前智慧型手機最多人使用的系統有兩大陣營：Apple 陣營的

圖 8-2　常見的使用者用戶端系統

iPhone 與 Google 陣營的 Android 手機（三星、華為、OPPO……），這兩個系統陣營有各自專用的 App 開發技術工具與生態圈，為了拉攏應用開發者選用他們的系統，

圖 8-3　Google 2019 年的開發者大會

Google Android
應用開發者官網

https://developer.android.com

iPhone 應用開發者官網

https://developer.apple.com/develop

Apple 與 Google 提供了許多的教學資源、技術使用文件，舉辦各式的開發者大會與研討會（有一點點像是大拜拜、選舉的造勢晚會、畢業成果展）。我們到他們的應用開發者官網，就可以找到許多的開發資源。

網頁的開發採用 Web 技術，它不是由某個公司主導的系統平台，而是由全球資訊網協會（W3C）制定技術標準，所以不像 Android

或 iPhone 我們可以直接去官網查找相關資源，反而是藉由許多的技術大神（善心人士）與基金會組織（背後有不同大公司派系支持）來推廣，我們透過 Google 搜尋就可以找到許多相關文件與教學，例如 w3schools 教學網站（https://www.w3schools.com/）。

▌雲端系統

　　大多數的應用，都需要結合雲端系統提供的功能，才能夠提供給使用者完善的應用服務。以 Youtube 為例子，所有使用者的影片、播放清單、社群留言討論⋯⋯的資料都是存放在雲端系統裡，這個雲端系統，是由很多不同功能的電腦透過網路連接在一起，提供 Youtube 運作所需要的功能。舉例來說，當我們在手機上拍攝了一段影片，透過 Youtube App 將影片上傳到雲端，並將影片連結分享給朋友觀看，在這個過程裡，雲端系統提供了哪些功能呢？

　　▌首先，我們需要先登入 Google 的帳號，在 Google 雲端系統裡有我們帳號的相關資訊，手機 App 會與雲端系統進行溝通確認帳號身分與進行登入的動作。

▍接著我們上傳影片，這時候影片檔會被儲存在雲端的電腦裡，同時也會在雲端資料庫裡記錄影片相關的資訊。

▍雲端系統也會對這個影片進行處理，例如：
- ·確認影片檔案是否完整無損壞。
- ·重新壓縮編碼影片使它成為適合網路串流的格式。
- ·備份影片檔的備份，以確保影片不會因為意外損毀而遺失。

▍產生用來分享的連結。

▍當使用者點擊我們分享的連接時，雲端系統會根據我們共用分享的權限設定，來提供影片內容。

▍完成其他我們不知道的事情，以提供我們便利的 Youtube 應用服務。

從上述的例子看起來有些複雜，不過我們可以簡單地知道，雖然看不到雲端系統的運作過程，但它總是默默地

在雲裡做了許多事情，扮演著應用服務幕後的關鍵角色。
目前雲端應用開發者常用的雲端系統主要有三大系統：

▌Microsoft Azure

Microsoft Azure 是開放靈活的企業級雲端計算平
台。透過 IaaS + PaaS，不僅移動速度更快，還能
執行更多的工作，節省更多的開銷。

https://azure.microsoft.
com/zh-tw

Amazon 的 AWS

Amazon Web Services 提供可靠，可擴展並且費用低廉的雲端運算服務。

https://aws.amazon.com/tw

Google Cloud

Google 雲端平台是一項使用了 Google 核心基礎架構、資料分析和機器學習技術的雲端計算服務。

https://cloud.google.com/?hl=zh-tw

總結應用系統架構，如下所示：

最後我們用一張圖來說明使用者、應用開發者、系統平台開發者之間的關係：

使用者
創造豐富美好的生活

應用開發者
手機 App、網頁、雲端應用

系統平台開發者
用戶端系統與雲端系統

未來每個人都會置身於資訊科技應用的環境裡，角色也可能多重，因此不同角色該用不同的思維與能力來評選與決策。據此，我們可以總結如下：

> ▎**作為一個使用者**，思考著要創造怎樣的美好生活？因此需要學會找尋並使用合適的應用，以輔助我們創造美好的生活。
>
> ▎**作為一個應用開發者**，需要了解使用者的需求，研究各種平台的功能，創造良好的應用。
>
> ▎**作為一個系統平台的開發者**，需要能建構功能完善的平台，成為應用開發者的推手。

9

現在的人，都習慣使用 3C 產品，與其禁止不如教導孩子們如何正確使用。美國羅斯福總統說過：如果我們只教學生「知識」，沒有教他「道德」，我們就等於送一個「威脅者」到社會去。所以在這章，我們將從網路個資、網路霸凌、網路詐騙與真假新聞來做個探討。

在網路無國界的世界中，如果少了「公民道德」規範，社會會發生什麼事呢？

數位公民與社會

網路個資

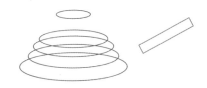

我被看光光了嗎？

隨著 3C 產品的使用度越來越頻繁，相信大家每天都會用到一堆帳號與密碼，一些積點的 App 系統、電子郵件、社群媒體、行動支付等等，都會需要我們的個人資料。 然而，網路上的個人資料只有那些帳號密碼嗎？

舉例來說，當我們在使用一個社群媒體的時候，我們應該先釐清一下，為什麼我們要使用這個社群媒體系統？網路社群的成立目的是什麼？ 當然社群媒體不外乎是希望

人們經由此平台聯絡感情、分享日常生活經驗、傳遞訊息、表達個人看法等等，但我們真的懂它的遊戲規則嗎？你知道可以拒絕別人將你的名字標記在照片中嗎？你知道要怎麼樣只能讓特定對象看到你上傳的文章或照片嗎？而我們的使用目的又是什麼呢？很多人使用是為了得到認同感，尤其是青少年階段，會希望自己的按讚數比他寫的字還要多。但是，如果不懂遊戲規則，沒有想太多，就上傳照片會有什麼樣的後果呢？記得 2019 年有個新聞，有個人因為很開心統一發票中獎，就大方拍照上傳，卻沒想到，竟然有網友直接用照片上的 QR code 去領錢，這個震撼不僅是中獎的朋友，也令政府傻眼吧！此外，時常也有人因為某張照片或是某段影片而被肉搜出家世背景，從這裡我們可以知道「凡走過必留下痕跡」；而當我們在官方網站中留下任何認同或不認同的留言等，網路上所有的人也都會看到，這種種其實都可能使你的個人資料被揭露給其他人知曉。

　　或許我們會認為，我們不是名人，沒有人會肉搜我們，所以我們可以上傳我們想要上傳的。但是，諸如歐洲現在正在討論的「被遺忘權」，只要我們上傳到網路上的東西，都會被記錄下來，任何事情只要用搜尋引擎都可以被找到；但如有些人犯錯已經過了三四十年了，也洗心革面了，很多事情已不符合現狀，卻永遠存在網路上，大家

也都可以搜尋得到，讓人不堪其擾。這時候歐洲的人權組織就在討論，是否應該讓人有「**被遺忘權**」，當然這個議題的爭議頗大，所需要的條件相當嚴謹，目前還只有在歐盟實行，即 2018 年歐盟甫施行的《一般資料保護規範》。

我該怎麼做？

目前有許多人會使用社群媒體來記錄生活，例如 facebook。父母在孩子小時候，用社群媒體來記錄孩子的一顰一笑，可以留下許多美好的紀錄，並與親朋好友分享；但若忘記將這些照片設定為只能讓朋友看到，就可能發生意外狀況。筆者就遇過有陌生人傳來訊息，說孩子很

圖 9-1 隱私與安全性

可愛，是否可以認識，筆者點進他的資料，赫然發現大頭貼是筆者的孩子，嚇得筆者趕快將所有的設定都改為非公開，也請對方把照片下架。

　　所以我們要互相提醒，社群帳號上都有隱私設定，可以選擇誰可以看到你的貼文，我們在社群媒體上放上有特別紀念的照片是為了讓自己留念而不是讓人品頭論足，因此具有隱私性質的內容，將之設定為「僅限朋友」，不失為一個保護自己與家人的好方法。

　　在即時通訊的部分，我們也應該將它設定成不要讓陌生人都可以與我們連絡。包括當我們不想讓朋友標籤自己在他人公開的活動照片時，也可以否決其要求；然而有時候不熟悉系統，就會變成默許這樣的行為，也就有機會讓自己暴露在風險中。

　　任何一個通訊軟體或是社群媒體一定有隱私權的設定方式，大家在使用時一定要特別留意，不管是大人還是小孩。父母們對於子女使用這些軟體，最好從旁了解，提醒他們一起設定隱私。當然，最重要的還是心態的問題，在網路世界中從不紅到紅也許就是一瞬間的事，只要可以被搜尋到，就很容易一而再再而三地被拿出來討論，因此在上傳或公開任何資料時，都不得不謹慎！

網路霸凌

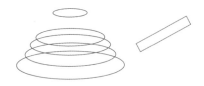

帶刺的留言

　　春天到了，萬物甦醒，大安森林公園中的五色鳥正在築巢，樹下一支支的大砲攝影機，攝影師汗流浹背地盯著樹幹深怕遺漏了些什麼；看熱鬧的路人，一直在問到底在拍什麼、鳥在哪裡；一群在公園運動的人讚嘆著五色鳥是天才建築師，能把樹洞挖得這麼圓而不用圓規；另一群人謾罵著樹下的人打擾到五色鳥的生活……。

　　如果我們把這個場景改到網路媒體上，會不會很熟悉？人們將自己生活的花絮片段放在社群媒體上面，底下的按讚數不斷的累積，但留言有褒有貶，你一言我一語的彷彿與影片或照片的擁有者非常熟識。

　　相信或多或少都有聽說過，當孩子滿心歡喜地分享一件他覺得做得很棒的事情，可能當場或是在社群媒體的留言中，會有一半以上都是鼓勵，但也會有幾個留言帶點酸酸的味道，例如「啊不就好棒棒」等不帶髒字卻又讓人感覺不舒服的回覆。我們很容易

忽略掉帶鼓勵的留言，而一直著墨在那些讓人不舒服的語句，可能就像我們從小拿到考卷，大人們總是以分數來評

價，且只會在乎那些錯誤的地方，而忽略了我們答對的部分其實比錯誤多很多。長久下來的習慣，只看自己不好的部分，漸漸地忘記自己其實還有很多地方是可取的。

「霸凌」指的是一種「長時間持續」的、並對個人在心理、身體和言語遭受惡意的攻擊，且因為欺凌者與受害者之間的權力或體型等因素不對等，而不敢或無法有效地反抗。只是一時的情緒謾罵並不算是霸凌，但是如果被罵的人會一直反覆去看負面的留言，導致自己不管在心理或生理受到影響，就可能會變成心理創傷後壓力症候群。

記得有位網紅，因為個人特質，很多人在不了解他的情況下，說了許多不尊重的話語，這些語言聽起來連旁人都覺得不舒服，何況是他本人！然而當有人問他，難道不會不開心嗎？他卻很有智慧地說，「網友們的發語詞都是『我』，『我覺得你如何如何⋯⋯』『我覺得你應該怎樣』；然而我認為最重要的是自己怎麼想，我不覺得我是那樣的人，那就夠了。」

（資料來源：教育部長與鍾明軒的對談）

我該怎麼做？

　　言論自由是基本人權，但它不應該用在傷害別人，大家都應該尊重他人，每個人都可以發表自己的論點，但是如果發言讓人覺得不舒服、不適當，不要覺得自己躲在螢幕背後，沒有人知道就可以大放厥詞，如同之前的章節所提到的，系統平台其實只要去查證，很快可以找到每個人的位置、每個人的基本資料，確認有罪的人通常還要付一大筆賠償金給誹謗的對象，一時的情緒發言能抒發你短暫的情緒，但不能解決問題，這點不論在線上或線下都適用。

　　很多學校都有「黑特版」，很多學生會在那邊抒發自己對學校的所見所聞，甚至也會有針對某人的刻意批評，當然也會有一些好的發文，正義達人們不用急著去當檢舉達人反對黑特版的出現，也不必急著在上面留言；其實仔細閱讀裡面學生們抒發的文字，會發現多數的學生比我們想像中要成熟。**我們要做的應該是適時的引導學生或孩子——如何以不同的面向去看事情，學校就猶如一個小型的社會，在那裡面，如同我們對公司、對政府一樣，有許多不同的觀點，因此對很多事情自然會有不同的想法與見解**，他們要自己學習怎麼處理，黑特版裡面也會有小編出來主持正義，「我們與惡之間的距離」應該不會太近。

網路「虛實」

報喜不報憂

　　網路世界中，我們常看到很多人上傳的照片都是在吃喝玩樂，讓人感覺似乎其他人都過得很開心，無憂無慮的；反觀自己，工作辛苦，還要為孩子煩惱東煩惱西……。這些年，也有很多人去國外打工遊學，我們時常聽到很多長輩抱怨孩子出去當外勞，實際上他們只是擔心孩子們在國外會不會太累。但孩子們的說法總是：「國外工作很好找」、「網路上的經驗分享都是很好的經驗，在那邊既可

以學習也玩得很開心」，然而，這是真相嗎？去過的人應該也都知道，在國外其實很辛苦，語言上的隔閡、生活習慣的不同等都要適應，相比之下，臺灣是個好地方，有24小時的便利商店，家人可能幫忙處理掉大部分的家務雜事，但有多少人會把在國外時的這些瑣事都放上去？

從這點看來，就知道多數人有報喜不報憂的傾向。

社群媒體的虛實，不光只有個人，也有很多公司會去操作，相信大家應該也都有看過，有些朋友在一些餐廳打卡或是打一段話就可以有什麼樣的小禮物，也有看過一些贈送貼圖的留言，但其實點進去還要做到幾個它要求的條件等等，這些都是為了讓使用者幫忙增加曝光度。但我們真的有想要做這件事情嗎？朋友可能真的以為我們認可進而也掉進這個圈套，所以我們在做這些事情之前，應該先思考一下，這個遊戲規則是什麼？這樣的做法對我們的目的是什麼？我們會得到什麼樣的後果呢？

我該怎麼做？

近年來也很流行線上直播，直播主在網路上暢談著自己的見解與經驗，或是 Youtuber 將自己的想法拍成影片。當大家在網路上看到這些，就如同看到五色鳥築巢，有人批評、有人同理；如果易地而處，我們聽到別人說自己不

188

好，難免就會影響身心。

　　記得有一部小說翻拍的電影，內容在敘述女主角幸運地擠進全球最大的網路科技公司，在公司裡面力求表現，順從公司的安排直播自己的全天候生活，受到眾人的注目，有了很多追隨的粉絲，但也因此使得周遭的朋友因為被粉絲片面的不正確解讀，而失去生命。水能載舟亦能覆舟，如果為了名利，任由科技凌駕於人性，不但出賣自己的隱私權、自己的良知，甚至讓親朋好友離你遠去，相信這不會是我們想要的選擇。也因此，**作為一個網路公民，我們對於網路上的種種新聞，其虛虛實實無法完全驗證前，易地而處，是否應該要多一點同理心？**

真假新聞

　　哈佛校長在 2017 年對新生的開學致辭：教育的目標，就是確保學生能分辨「有人在胡說八道」。

　　分辨有人在胡說八道這件事情，一定要念哈佛才可以嗎？

　　猶記得，筆者的小孩還小的時候，知道長大乳牙就會掉落並長出恆齒時，心中非常期待長大；當看著同學一個個換牙，自己的卻穩固到不行時，感覺就有些失落。但有一天，他看到同學的牙齒已經看得到下面的大洞，卻還沒掉下來，不禁害怕的去找老師幫忙時，又憂心說著，還是

保持原狀，不要換牙好了，不然牙齒下面的肉會有個洞，而且如果新長出來的牙齒沒有對準那個洞，從另外一邊刺出來，就會非常痛⋯⋯也因此不想要換牙了。

　　或許身為大人的我們看這件事情，會覺得一個幼兒園大班小孩的反應好可愛，但是仔細想想，我們平常看新聞時，不也是這樣，只看到片段的畫面，就開始自己去想像可能發生的經過，並自行腦補結局，沒有好好去了解事件，就到處將該新聞轉發給親朋好友，而消息經由社群傳播，擴散得很快，卻還是沒有人再去查證是否正確，假消息就這樣出來了！

　　現在的媒體太發達，很多事情一下子就在社群媒體之

間傳開，例如連日的大雨，可能大家在社群上面就會收到一段影片，訴說著下大雨過馬路時，行人因為踩在白色的斑馬線上滑倒，頭撞到地板立刻死亡的消息，警告著大家，下雨天不可以踩斑馬線的白漆面，會容易滑倒而造成死亡。但事後經過查證，該男子只是昏倒，進急診室之後就甦醒，當天就回家了。**初看到任何消息與新聞，我們都要有獨立思考的能力**，一個正常人，在跌倒的當下不會用手去撐住嗎？再來我們也有獨立判斷的能力，如果頭部受到跌倒的撞擊，地板上若沒有尖銳物品，有可能當場死亡嗎？這樣分辨假新聞的能力，就是在課綱裡面會看到的「媒體識讀素養」，這是跨學科、跨領域的學習，也跟我們第十章會討論到的批判性思考有很大的關係。

我該怎麼做？

　　建議大家可以在平日，就跟家人一起討論新聞內容，對於年紀小的孩子，可以利用熟悉的故事，或是直接用故事書來進行討論，故事中的主角，哪邊做得合理或不合理，如果孩子是主角，會怎麼做？故事中有沒有不合理的部分呢……如果是高年級以上的青少年，建議可以從國際新聞討論起，因為國際新聞既可以拓展視野也可以避免陷入政治立場之爭，沒有偏見的討論才不會有失公允。

社交

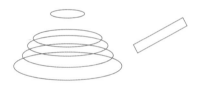

玩的不只是電動,還有社交

　　在手遊電玩的世界中,很多人都匿名在其中,這是一個大家必須共同合作才能成就與完成挑戰的虛擬世界。好玩的是,在現實社會中,很多不敢做或是覺得做不到的事情,反而在匿名的世界中,都一一實現。

　　不是只有學生,可能上班族,或是銀髮族等等都在其中找到自己的角色定位,也熟悉手遊電玩世界中伙伴們的習性,誰值得依賴、誰是心機重的,都可以清清楚楚地看

出來，也可以大聲說話，反正沒有人認識。也正因為如此，筆者聽過一個高中學生說，他約過一起攻打城堡的網友們見面，見面了才發現，裡面有小學生、大學生、老阿伯、工程師等等，大家互相告知了一下暱稱，彼此就熟悉了起來。

近來有些社會事件是家長禁止孩子玩手遊電玩或是線上遊戲，孩子就自殺或是離家出走；筆者趁機問相識的青少年們，他們的看法與想法，他們告訴筆者，或許外人看來，線上遊戲的世界是個阿宅封閉的世界，但有時候那是個對外溝通的訊息管道，就如同大

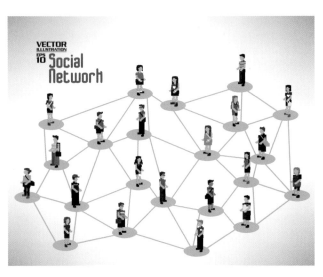

圖 9-2　網路社交

人會用通訊軟體一樣，只是他們在那個世界中，可以真正地做自己，講自己想要講的話。因此，家長與其一味的禁止孩子做這做那，是不是更應該聆聽孩子內心的想法與聲

音，而不是讓陌生的網友比我們對他們更了解呢？

我該怎麼做？

自從社群網路媒體興起，人與人之間在網路上的互動頻繁了，但面對面的互動卻越來越少，而且，以前是熟的人才會打電話給你，但現在打電話來的都是推銷或是詐騙電話，熟的人反而都是用社群來聯絡的。

孩子的成長需要陪伴，每個階段都有不同的挑戰要去面對，青少年一定會需要同儕團體的輔助，大家都會經過這一段青澀的歲月。如果大家可以多聆聽孩子的需求，支持他們的想法，引導他們去思考，去討論彼此的價值觀，尊重孩子也是個個體，孩子在摸索這個世界，很多事情，他們也想要嘗試，但是不代表他不需要我們的建議，只是我們也要學習從他們的角度去看事情，很多話語換句話說，就會有不同的效果。

現在的孩子都是屬於數位原住民的世代，與像筆者這樣屬於數位移民世代的人之間，思想與思考模式都有很大的差距，但不論如何，數位公民道德的認知對我們越發重要，年輕一代或許早已熟悉如何使用科技產品，但真正重要的是，**怎樣有效率的使用這些工具，而非被工具駕馭，而這些都是需要潛移默化，必須在日常生活點滴中慢慢**

引導，這就是課綱強調的素養。孩子在學校學的任何資訊素養，還是需要爸媽們在家幫忙補強，畢竟老師要面對著二十幾位以上的孩子，無法時時看顧，爸媽們只有一兩位孩子，從小照顧到大，孩子們的價值觀也是爸媽們從小塑形的。

　　態度與素養對一個人在未來世界中的高度具有決定性的影響力。

名詞解釋：

數位原生 (Digital natives) 和 **數位移民 (Digital Immigrants)** 這兩個用語是從 Dr. Marc Prensky 在 2001 發表的 Digital Natives, Digital Immigrants 這篇文章而來。

Chapter

10

溝通不是只對人，還要對機器人

本章探討的重點將會從科技應用面轉向對社會的影響，敘述科技進步帶來便利的同時，又將如何影響我們的生活和社會。藉此帶出我們在使用資訊科技產品時該有的正確態度及價值觀；並透過簡單的故事（武俠小說、歷史故事）來說明，我們為適應現在生活及面對未來挑戰，所應具備的核心素養、能力與態度。這些核心素養統稱4C（批判性思考、溝通、創造力、協作），熟知並了解這些核心素養將有助於我們關注學習與生活的結合，並透過實踐力行而彰顯學習者的全人發展。

資訊世代的核心素養

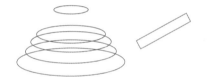

　　每當大學放榜，家長和學生都以為這場馬拉松終於跑完了。但想不到比讀書還頭痛的問題才要出現，那就是「填志願」。除了要看分數以外，更重要的是這個志願填下去，會不會 4 年後就失業了？還有，這些熱門科系到底賺不賺錢？最理想的狀況當然是，畢業後一堆企業搶著要，而且最好也不用擔心職場生態改變被迫中年失業或轉職。很可惜，這樣的就職風氣不太可能在未來的資訊世代出現。

　　筆者畢業後踏入社會的時候，iPhone 剛剛問世，臉書、推特、Youtube 之類的社群平台也才剛開始萌芽，大

家都還在用 MSN、ICQ，連 LINE 是什麼聽都沒聽過，更想不到當「網紅」或是畫 LINE 貼圖都能賺錢。當時學校也沒教直播、電商、手機遊戲開發，或是說連老師也還沒準備好要教學生什麼。很多人都在猜下個世代最紅的工作可能會跟大數據、人工智能、資訊科技產業相關，但是沒人能保證下一個科技出現時，你會需要什麼樣的技能。

有鑑於此，很多歐美國家和科技大國，都將研發、創新、溝通、合作、應變與思辯等能力，視為個人與社會整體成功的關鍵方針。簡單來說，**為了確保國家競爭力，提高下一代的資訊素養就是一個必備的需求，而資訊素養的提升，當然還是得靠教育來達成。**

4C

因此，這些科技大國的教育政策皆逐步從過去的 3R：「讀 Reading」「寫 Writing」「算 Arithmetic」調整成能因應資訊科技發展的取向，又稱 **21 世紀關鍵能力 4C：「批判性思考與問題解決（Critical thinking and problem solving）」、「溝通（Communication）」、「創造力（Creativity）」、「協作（Collaboration）」。** 其中又特別強調是高層次的思考能力，而非一味地傳授各學科領域專業知識。

　　數位時代推動的趨勢，勢必會讓電腦和機器取代重複性高的勞力工作，更有價值的工作反而是大量的「獨立思考」、「團隊解決問題」、「研發創造」與「溝通」性質為主的新興職業。

10^2

批判性思考

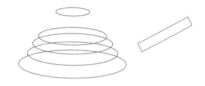

資訊大爆炸，知識超廉價，
你更需要學會批判性思考

如果你對金庸大師這個名字不陌生的話，那你或許聽過或看過「天龍八部」的故事。在那高手滿天飛，內功外功咻來咻去的武俠世界裡，有個完全不會武功，但是很「懂」武功的女主角，那就是我們的王語嫣高材生。

王語嫣活像是一個移動式的「武功百科全書」，對各大門派的武功心法瞭如指掌，任何罩門、套路、破解方式

只要王語嫣同學一看都有辦法破解。她的表哥慕容復每次對戰時只要王語嫣在旁，就像開外掛一樣，什麼樣的招式來都可以見招拆招，打得對方不要不要的。但怎知當慕容復碰上段譽使出「從沒人看過」的六脈神劍，以及喬峰「硬底子」的真功夫時，王語嫣這本武功百科全書馬上變成無字天書，讓大俠慕容復變成大蝦噗攏共。

其實這也不難理解，為什麼王語嫣無法對於沒看過的六脈神劍做出點評？因為這個武功根本不存在她的「資料庫」裡，所以她的反應真的就只能是查無此招。而喬峰的硬底子考驗的是現場慕容復自己的應變力，面對需要應變的問題時，光有王語嫣提供的公式和套路可是不夠的。

你可能會想：「咦！王語嫣好像 Google 喔。有不懂的都可以上網找答案，但是從沒遇過的問題，網路上也沒

王語嫣

六脈神劍怎麼破解

王語嫣 搜尋　　好手氣

答案可看」。像是我們可以查住家附近的美食，還有出國必買的伴手禮，可是如果是想查去火星探險，網路上可能也不會有任何答案。

在網路上找到的答案也可能過時已久，或者是未經證實、不正確的資料。如果不經思索全然相信，按照過時的遊記去安排行程，到了當地可能撲空，結果好吃的沒吃到，連遊玩的興致也沒了。不然就是買東西，看到的很多好評卻都是廣告包裝成的業配文，好評、負評的體驗也是因人而異，有時查到的資料越多反而越難做決定。

資訊科技的進步的確帶來了很多便利性，讓我們可以省去很多時間在找資料、分享資料。而事情總是一體兩面的，大量的資訊如果不懂得區分選擇，對任何人而言都只是雜訊。**學會如何「思考辨別」可說是資訊科技所帶來的選修技能，除了能更有效地享受科技帶來的便利，同時也不會被錯誤的資訊誤導。**

思考辨別能力還有另一個名字叫做「批判性思考」。很多人第一次聽到批判性思考可能會把它想成比較負面的感覺，像是沒建設性的批評他人、用挑釁的語氣數落對方等。然而，**批判性思考其實是一種從清晰、理性的角度出發去思考，並且以中立的角度來看待眼前收集到的資訊和結果，本身並無批評他人的意思。**

批判性思考的出發點並不是要和他人辯論分出對錯，

反而是從開放的心態出發來理解對方的狀況，再協助彼此一起看到事情的全貌。因此，不管是在網路上或是現實生活中，單方面的用語言批判他人都不是批判性思考應有的態度。

　　接下來讓我們用一個你一定聽過的「謠言」來體驗一下批判性思考的應用吧！

批判性思考：如何破解一億美金的謠言

　　　　「為什麼蚊子不叮別人都叮你，你一定是酸性體質吼！」
　　　　「癌症病患都是酸性體質。」
　　　　「肉吃太多會造成血液變酸性！」
　　　　「多吃鹼性食物可以改善酸性體質，還可以抗癌喔！」

　　上面這些話有沒有很耳熟呢？是否常常在新聞或是LINE群裡長輩們的叮嚀下聽過呢？久而久之好像已經變成一種常識了，「酸性體質」等於「不健康、慢性病」，也不知道這些資訊到底是真是假，反正大家都這樣說，所以吃喝了很多鹼性水、食物，花了很多錢想盡辦法改變你身體的酸鹼值。

但你知道嗎？酸性體質只是一場一億美金的騙局⋯⋯。

羅伯特・楊（Robert O. Young），一位沒有醫師執照卻用自創的酸鹼理論：「體內的酸性是導致疾病的原因，而鹼性食物就是治病的方法」，來從事「不合理」的高價醫療行為。從 2002 年開始，他出版了一系列相關書籍，其中銷量最好的一本書《pH 奇蹟：平衡你的飲食，恢復你的健康》（The pH Miracle: Balance Your Diet, Reclaim Your Health），就是在傳播這不正確的資訊。而且書還被翻譯成多國語言，導致很多人誤信盲從。最後，羅伯特被一名癌症病患控訴，說他沒有醫師執照，卻勸說她放棄正常的癌症治療，美國法院陪審團判決他必須賠償 1.05 億美金（相當臺幣 30 億元）。

調查的過程中，還發現羅伯特高價的醫療行為裡包含很多危害性命的做法，羅

伯特還從中獲取暴利，不禁令人懷疑他當初的動機，到底是無知的善意還是謀財的利益。你可能會想，他沒有醫療背景就這樣騙取大家的利益和健康，這實在太可惡了！但網路上這麼多謠言，要如何用批判性思考幫助我們辨別哪些是真？哪些是假？

批判性思考，其實比我們想得都還來得簡單，也就只有「懷」、「實」、「料」、「理」這四步驟，保證你可以在這資訊大爆炸的時代做個最理智的人。

第一步「懷」

懷疑你所聽到跟「恐懼」有關的消息，不要第一時間就去相信它。

很多謠言都是利用人恐懼的心態，促使人行動或是傳播。以酸性體質為例，它就是利用人對癌症還有健康的疑慮引起大家的注意，最後達成傳遞消息的目的。

第二步「實」

具備實驗精神，嘗試用簡單的思考方式去驗證，以及反證。

酸性體質的理論說：「體內的酸性是導致疾病的原因，

而鹼性食物就是治病的方法」。看似以前學過的酸鹼中和，酸加鹼就可以中和了，但是他忽略了一件事，就是每個人的胃液都是酸性的，如果說鹼性食物吃下肚子，最後要能中和酸性體質，那麼是否要先中和胃酸呢？再說酸鹼中和的實驗是在燒杯內，用酸性物質和鹼性物質反應後的結果，但人體系統非常複雜，根本無法用簡單的燒杯來模擬。

第三步「料」

考證史料，發揮柯南精神打破砂鍋問到底。

如果是在沒有網路的時代要做到史料考證，可能會有些難度。不過現在你只要有電腦或手機、能上網，就可以看看那些消息，是否有可靠出處。這項消息的來源是哪裡？可信度多高？是否沒有被科學驗證過？只要簡單的在可疑消息後面打入關鍵字：「出處」、「來源」、「研究報告」，你就可以自己先做第一手的過濾了。

第四步「理」

謠言裡面的邏輯理論是否正確？

酸性體質的騙局，只要從兩個角度來看，馬上就不攻自破了。第一，只要上網多數都可以查到正確的醫療知

識：人的身體本身就有一種緩衝機制在負責平衡體內的酸鹼值，使得血液本身在正常狀況下是在弱鹼性的 pH 值 7.35~7.45 的範圍，就算有超出也都是在很小的幅度下。第二，上網的確可以查到食物有分酸鹼性，但是卻無法影響身體的緩衝機制，胃酸本身就是酸性，腸道裡面的消化液又是鹼性物質，腎臟也具有調節身體酸鹼度的功能。想要透過食物或是直接在靜脈注射其他鹼性物質，得到的結果只會跟自己的身體過不去。

　　原來只要簡單的「懷實料理」就能輕易地破解酸性體質這一億美金的謠言了。如果我們的教育還是著重在背誦考試，以及如何培養出更多的「王語嫣」，那麼我們可能很快地就跟不上近年來人類在各個領域上累積的知識量了。若繼續按「王語嫣」的方法去學習現在的知識和科技，那是絕對跟不上科技進步的速度的。

　　換句話說，知識真的不再像之前這麼稀有，反而是變得廉價了。真正有價值的反而是：學會區分哪些知識是有用的，然後思考如何使用已知的知識去創造新的智慧。

10 ³

溝通對資訊社會
的影響

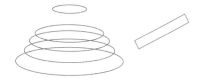

　　在第一章時，我們從科技的本質開始了解到，科技存在就是在解決人類的問題，大部分的問題都會和社會與環境互動有關。工業革命的產生，背後就是為了提高生產力的這個需求，當然也是為了穩定社會的安定發展。原子彈雖然是在戰爭中出現的，但在成為後續的能源發展議題時，不管是廢核還是擁核，其和社會大眾的連結反而是要靠「溝通」這個因子。

　　資訊科技的發展，對現代社會與環境影響最大的就是——它改變了現代人溝通和傳遞資訊的方式以及效率。

這同時也顯示了下一個我們現在該關注的資訊素養：「溝通」。接下來讓我們看看好的「溝通」是如何間接的讓科技對社會與環境產生影響。

征服歐洲的惡魔果實

說到惡魔果實，你可能會以為是日本動漫裡面主角吃了就會有超能力的果實，但是在 300 多年前的歐洲，大部分農民之間的確流傳了一種叫做「惡魔果實」的東西。傳聞它長在陰暗的地底下而且又有毒性，表面坑坑疤疤的又沒什麼味道，是一種連狗都不願意吃的東西。更重要的是，「聖經」裡面完全沒有提到神允許人類吃這種東西，這一定是惡魔的食物，誰要是亂種這種惡魔果實肯定會出事！

但你可能萬萬沒想到，300 年前的「惡魔果實」其實就是我們現在常看到的馬鈴薯啊！那馬鈴薯是怎麼從惡魔果實的臭名由黑轉白的呢？

馬鈴薯原本是南美洲的農作物，本身不大受氣候受限，又富含維他命、蛋白質和其他營養，因為又可以預防水手長期在海上營養不均衡罹患壞血病，所以西班牙的航海家發現它的好處後就把它帶回歐洲。在 17 世紀時的歐洲，除了人口增加，又遇上饑荒，在缺少土地和食物的情況下，戰爭又四起。各國不光是要因應戰爭需求，還要穩

定社會的糧食供需，加上當時還沒有足夠先進的農業科技可以改變現況，所以退而求其次，馬鈴薯就成為當時解決這個危機的「科技」。

　　但是農民都認為這個醜不拉嘰的馬鈴薯長在地底一定是惡魔果實，根本沒有農民想種。為了改善糧食供需問題，普魯士（現在的德國）國王不得不在 1651 年頒布一道法令，要所有農民開始種植馬鈴薯，拒種馬鈴薯就要砍掉鼻子和耳朵。這樣霸道的「溝通」方式想當然是成效不彰，就像是在餐桌上恐嚇挑食的小孩吃蔬菜一樣……。

　　國王的手段越是強硬，農民就越是抗拒。惡魔果實的

威名反而水漲船高，各種謠言持續了將近快一百年，一直到了後來的腓特烈大帝也遇到糧食問題，既然前任國王用「硬」的行不通，先換「軟」的來試試。腓特烈大帝當時的法令是：「馬鈴薯的生長，不受地域和自然條件限制，對人類和牲畜都有益無害。請王公貴族和庶民百姓充分理解馬鈴薯的優點，並把它作為今春主要食品……。」

　　但是效果還是沒想像中的好，因此腓特烈大帝再換另一種「溝通」方式。他命人在柏林郊區種了一塊馬鈴薯田，還加派大量士兵駐守，塑造出一種「皇家果實」的神祕感，而且下令田內的採收只有皇室貴族可以吃。但是腓特烈大帝暗地對看守的士兵說，這其實是一塊「開心農場」，要是有人打算來偷菜，大家就睜一隻眼閉一隻眼，當作沒看到就好。農民們一開始抱持著好奇的心態來看看，發現看守的士兵比稻草人還不如，溜進去偷摸個幾把也不會被發現，就去挖了一些出來回家偷種，還能用皇家果實的名氣在市場上賣個好價錢！

　　沒想到之前一百年的威脅利誘都無效，這樣另類的「溝通」方式反而奏效，將農民對未知事物的「恐懼感」換成「好奇心」，馬鈴薯經過腓特烈大帝如此特別的宣傳，在歐洲廣為流傳開來，並且順利解決了食物饑荒，更提供了勞動人口的大量糧食需求，最後更是促進了工業革命的發生。

　　說得誇張點，如果當年沒有腓特烈大帝用對的「溝通」方式，消除農民對「未知事物」的恐懼感，當時的歐洲要面對更多的饑荒和戰爭，整個文明的進步可能不會這麼快發生，工業革命可能還要晚個幾世紀才有可能出現。

　　對應到現在資訊科技發展，雖然手機、網路、社群媒體平台等大幅地提高我們傳遞資訊的效率，看似拉近了我們人與人之間的距離，但是**在面對未知的新科技或是未知的人事物時，如果沒有選對「溝通」方式，先消除「未知的恐懼感」，再厲害的資訊傳遞科技，可能都不會有效，反而還會快速傳遞更多未知的恐懼感。**

　　如同 108 課綱在一開始時絕對是立意良善，卻也造成了家長和學校之間的恐慌。從這一例就可看出，「溝通」在資訊課綱內所涵蓋的核心素養，可說是人與人之間在社會環境互動下的一個非常重要的軟性技能。良好的溝通，小至團隊合作，大到社會、環境、公投議題的討論，都需要思考我們是否能把對方心中對「惡魔果實」的恐懼感，替換成對「皇家果實」的好奇心。

10⁴

創造力 VS. 標準答案

　　科技快速的發展對社會和教育帶來的衝擊議題就是：「標準答案是否還存在其必要性」。新穎的科技確實提供了我們在面對問題時，各種新的解法和可能性。追求單一解答或是標準答案，在過往需要快速複製知識的環境也許行得通，畢竟在工業革命後，教育有一部分的功能就是將人快速培養成能促進社會運作的一分子。但這對於培養「創造力」並沒有什麼太大的幫助。當標準答案出現後便不允許其他可能性的存在。**「創造力」就是區分人工智慧與人性之間的最後一道分水嶺。**因此 4C 核心素養的第三

個 C 就在說我們可以如何運用人性的創造力。

真相只有一個，但！方法可以有很多個

　　如果有一天，你受邀參與了一個心理學家的實驗。在房間內有一張靠著軟木塞板的桌子，桌上有一根蠟燭、一個裝著圖釘的紙盒、一包火柴。你的挑戰是：如何將一根點燃的蠟燭固定在軟木塞板的牆壁上，而不讓蠟油滴在桌面。如下圖所示，你能使用的工具有：一包火柴和一盒圖釘。你會怎麼做呢？

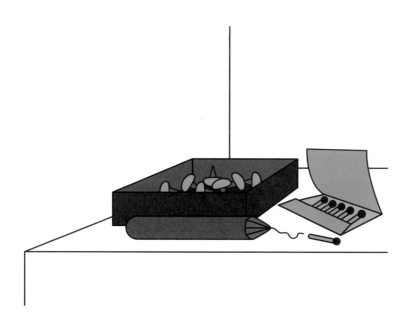

大部分的人第一時間想到的是，試著把圖釘先固定在蠟燭上，再往軟木塞板上去釘。但很遺憾的是蠟燭太粗，圖釘的針不夠長。根本無法固定在牆上。

結果：蠟燭掉下來了⋯⋯。

接著又有人想到，先把蠟燭點燃後熔掉一部分的蠟，再用蠟油把蠟燭固定在牆上。但是蠟燭本身太重，固定好之後繼續點燃蠟燭只會讓之前固定用的蠟油再熔化一次。（再加上圖釘根本沒用到）

結果：蠟油滴到桌上，蠟燭還是掉下來了⋯⋯。

在公布答案之前（或是你已經知道解答），我們先看看當初這位德國的心理學家設計這個實驗的目的是什麼？原來他當時是想測試人的一種「認知偏差」心理狀態。這裡的認知偏差指的是人對於已經熟悉的事物，是否有辦法純粹只思考事物的本質，而跳脫出原本既定的框架。也就是說，我們是否能不被眼前事物所呈現的樣貌所局限？意即圖釘一定要拿來釘蠟燭嗎？裝圖釘的紙盒還能有其他用途嗎？

當然在做實驗的時候一定會有一組對照組，這個實驗的對照組給的題目也是一樣，唯一不同的是物品擺設的方法，如下圖所示。

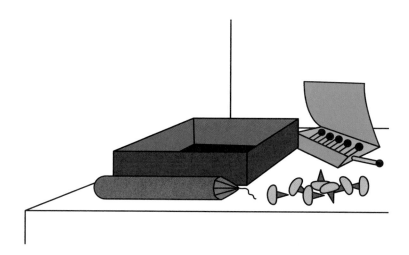

　　在這一組的擺設，測試者很快就能想到解決問題的方法。那就是用圖釘先把空的紙盒釘在軟木版的牆上，再把蠟燭點燃後固定在盒內。這樣一來就完成了將蠟燭（間接）固定在牆上，並且不讓蠟油滴到桌上的要求了。

　　有趣的是，第一組的人一開始會都會忽略紙盒的其他功能，當下看到紙盒已經裝滿了圖釘並沒想到其他可能性。大多數的人都需要經過一番嘗試，才想到紙盒除了裝圖釘還能拿來裝蠟燭，而且題目也沒有說蠟燭是必須直接或間接固定在牆上，只要蠟油不滴到桌面就好了。

　　第一組的受測者一開始很容易受限於自己所看到的資訊或是經驗，先幫紙盒找到了一個它只是用來裝圖釘的「標準答案」。但是在挑戰自己的認知後，打破了紙盒（事物）本身的定義與限制，在找到新的答案當下就是一種「創造力」的展現。

　　像是這樣的例子還有很多，比方說：

　　「手機真的只能拿來打電話嗎？」

　　看看你現在每天都在用的手機，打電話應該是現在最少用到的功能。

　　「太空人吃的乾燥食物只能在太空吃嗎？」

　　看看現在超市滿排的泡麵，食物乾燥的技術也可以拿來創造新的飲食文化。

　　「電動車一定比不上汽油車嗎？」

　　隨著技術的提升還有環保議題的重視，現在電動車的普及越來越快了。

　　「學東西一定要有老師教嗎？」

　　現在網路上有各種自學平台，不管是跟考試有關的知

識或是跟生活技能相關的技術，都可以在網路上看到有神人在分享教學。

看起來「標準答案」好像一點幫助也沒有，那為什麼考試和工作還要這麼在意標準答案呢？**其實標準答案的本意是希望在傳遞知識的過程中，提高效率和準確度，讓知識能夠在傳遞的過程不要「失真」。但並非所有的知識在傳遞的過程都需要依附在標準答案的框架下。**

傳統學校教育太過重視標準答案，反而讓學生畢業後或是面對新事物挑戰時，因為害怕沒有標準答案而亂了手腳。追求標準答案有時為的只是和大家一樣「正常」，因害怕被當成異類所以就不嘗試，並更怕犯錯。

但是如果有在逛夜市的讀者，你可能會發現夜市裡是最沒有「標準答案」的地方了，大腸包小腸打破了兩種食物的界線，有些人還想到把香腸換成鹹豬肉，整個吃起來的口感又完全不同了。香腸還可以配上巧克力醬，鹹甜各有滋味。或是把熱狗的外衣換成科學麵，變成意想不到的脆感，還有從南到北數都數不清的雞排料理。在夜市裡你可以看到各種創意料理，唯一不需要的就是標準答案。

回顧一下，**標準答案的框架有助於我們快速遵循規範和準則，但是適時地放下對於標準答案的執著，創造力才有萌芽的機會。在未來的世代，「創造力」也正是區隔人工智慧與人性之間的最後一道界線。**

10⁵

跨領域的合作發展

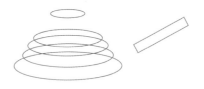

隨著科技的進步，各科領域之間的界線也越來越模糊。在未來的世界，一定有某些人特別擅長做某些事情，不大可能有一個人會所有的事情。因此「協同合作」正好也是我們最後一個需要討論的核心素養。這裡説的合作並不局限於一個特定的場合或是任務。尤其是網路世界的拓展，我們隨時都可以和世界上不同地方的人互動合作。

在遊戲中當個創世神

我們在前面的章節，有介紹過一個叫做「Minecraft 當個創世神」的遊戲，在遊戲中每個玩家都像是建築師，可以透過一小塊一小塊的「磚塊」打造出一個新世界。每個磚塊都可以按照玩家的想法放在適當的位置，遊戲也提供了玩家在伺服器上打造自己的小世界，就如遊戲名一樣「當個創世神」。

圖 10-1　Minecraft 當個創世神
圖片出處 https://www.techbang.com/posts/69961?utm_source=popin

2011 年 HBO 電視臺將一本非常有名的小説「冰與火之歌」拍成「權力遊戲」電視影集。小説裡的各種場景本來是需要讀者自己去想像的，但是翻拍成影集後，小説中的所有場景都得以用真實的場景呈現。一開始有幾個權

力遊戲的影迷朋友們在想：「如果可以真的打造出一個權力的遊戲，那應該是一件很酷的事，乾脆就在「當個創世神」的遊戲裡，把小說和電視劇裡的世界真實的打造出來吧！」

後來消息傳到論壇後，很快地聚集了上百名玩家，投入了這場重現故事中最宏大的「君臨城」計畫。整個過程可以說是從無到有，一群彼此不認識的人在網路上，有的人負責梳理小說的形容，還有人從電視影集的畫面資料去架構，每個人都變成建築師，各有各負責的區塊。

就像真實世界在蓋工程一樣，先從草圖規劃，分工、分派任務區塊，澈底將合作分工發揮到最大價值。他們一起花了 4 個月以上的時間，打造出了 3000 多棟建築物，

圖 10-2 遊戲中的虛擬城市
圖片出處 https://http://www.westeroscraft.com

完成了君臨城下的「都市計畫」。這中間需要無數的溝通和創意的發想，才能將這個虛構的城市，變成遊戲中的虛擬城市。

微軟公司看中了這個簡易操作但又極富創造力的遊戲，因此在收購後推出了 Minecraft 教育版，期許藉由連結遊戲式學習的方式讓學生培養運算思維、協同合作、以及創意發想等學習目標。

剛開始很多數學、程式語言老師利用教育版內的模組，設計邏輯推演的場景來鍛鍊學生的演算邏輯思維訓練。用遊戲的方式讓學生從合作中學到程式編寫的成就感，目的就是想讓學生體驗到數位協作的樂趣。而且只要有網路，大家都可以連到同一個伺服器，在上面共同創作，完全不會受限於場地和時間。

後來，有位歷史老師突發奇想，用「當個創世神」的教育版讓全班的學生一起完成一個大型的期末報告。學生的任務就是要考證課本內「安史之亂」的時空背景、地理場景、人物互動故事，然後彼此分工在遊戲內建造出當時的互動場景故事。這樣的合作下，學生學到的寶貴經驗遠超過歷史課本中的文字，因為學生在查考歷史背景的時候可能會蒐集到不同史料，如何分析判斷哪個史料更貼近真實，更是需要學生之間做出邏輯推導的討論。

在香港有更多人將這個遊戲與歷史教育結合組成

了「香港歷史及文化教育協會 Hong Kong History and Culture Educational Society」，還會固定舉辦「建構中的歷史：Minecraft(中國歷史) 創作比賽」，當中可以看到不少學生團隊的創意，將赤壁之戰、玄武門之變、鄭和下西洋等歷史場景都重現在遊戲中，成功達到了透過遊戲開啟學生的歷史視野，並引發合作學習的樂趣。

還有化學老師也利用教育版的內容打造出一個週期表，裡面還能對應到不同元素的原子模型。馬上讓抽象的概念變成可以具象化的簡易操作遊戲，從中學到電子軌域還有化學反應的方程式。

其實現代數位科技產業互動的縮影，完全體現在遊戲版和教育版裡面玩家的互動。在不久的將來，我們勢必會和各種不同背景、專業、國籍的人在同一個網路平台上合作。除了良好的溝通能讓創意流動之外，每個人也都需要具備獨立思考的批判性思維，讓更多元的想法合作發生。

Minecraft 教育版：

與一般市面販售 Minecraft 軟體不同，是專門提供學校與學生使用，連結更多的資訊素養學習目標；至微軟 Minecraft 教育版官網下載遊戲，並用 Office 365 教育版帳號登入即可免費使用定量的遊戲次數。

224

資訊素養
的整合與應用

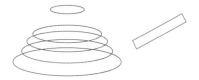

　　讓我們先回顧一下 4C 的內容，再把焦點放到如何將
4C 完整地體現在我們的生活和資訊互動上。

▌批判性思考 Critical thinking

　　現階段資訊發展的速度已經遠遠超越了我們的理解
速度。每天的媒體、臉書、Youtube 的資訊量都是翻倍的
成長，單憑自己過往的認知和經驗來判斷這些資訊，我們
很容易被誤導或是誤信。因此，在面對有可能影響我們的

行為和價值觀的資訊時，批判性思考變得尤為重要。記住
「懷」、「實」、「料」、「理」這四招，我們才能在這
個資訊爆炸、知識廉價的時代做個有獨立思考能力的人。

溝通
communication

分享思路、問題、點子
以及解決方案

協作
collaboration

協作達成目標
天賦、經驗、聰明三者合一

批判性思考
critical thinking

用新的思路看待問題
完成單領域與跨領域學習

創造力
creativity

嘗試用新方法做事
就是在創新和發明

▍溝通 Communication

　　過往我們都以為溝通能力好就是口才好，但其實在資訊科技的時代，文字的傳遞，網路線上或是實體線下傳播等等都和溝通有關。不以「恐懼」作為溝通的籌碼，反而用對方在意的「好奇點」為出發，這樣互動時能夠更清楚地表達觀點，不僅可以在工作效率上事半功倍，也更容易經營人際關係。資訊科技日新月異，人們溝通方式看似不斷變化，但在溝通時要抓著對方的「好奇心」是一個短時間很難被科技超越的事，學會溝通時的訣竅遠比臉書好友破千破萬來得重要。

▍創造力 Creativity

　　在這個時代，固守著「標準答案」在任何領域都難以取得成就。面對科技的迅猛發展，任何行業的規則也都持續不斷在更新。打破框架不被標準答案給局限，才能看到新的可能。而來自人性的創造力將會是未來每個人身上最寶貴的資源。

▋協作 Collaboration

　　我們都知道團隊的力量遠大於個人，前面 3 個 C 不見得都是每個人的強項，就算 3 樣技能都精通，少了最後一個協作，有些事還是很難單靠自己完成。在這個資源、信息共享的時代，團隊協作的最大原則不僅是要減少摩擦，還要將個人效率最大化，充分激發每個人的潛能。讓團隊中的成員也可以成為互相學習的對象，讓不可能化為可能，使團隊始終保持活力而不僵化。因此結合前面 3 個 C，再搭配上最後一個團隊協作能力，在未來絕對能發揮 1+1>2 的效果。

　　4C 的應用也不會只局限在資訊相關的領域，其實只要仔細回想，任何團隊運動，像是 NBA、棒球比賽、足球比賽、甚至團隊電競，都和 4C 的應用有關。只要是團隊，勢必會需要「協作」，而協作的過程則須靠有效的「溝通」來發揮團體力量。過度的威嚇在短時間可能有效，但是從長期來看，對於團隊的向心力並沒有太大的建設。

　　當團隊在面對問題時，例如比賽時需要策劃出奇制勝的戰術或是有效分析對手的策略時，「批判性思考」可以針對收集到的資料做出第一時間判讀，不會快速掉入非理性的盲區。進而對現有的方法進行優化，「創造力」正是

在這個時候得以發揮，並不受限過去的條件而想出新的可能。然後再回到「溝通」與「協作」。整個 4C 的應用如果能結合資訊科技的結晶，創造出來的成果很有可能都會是跨時代的進步。

　　回到學習的角度來看，為了能讓學生透過資訊教育培養 4C 素養，可以先創造一個「溝通」的環境，引導學生透過有效的工具來掌握科技的新知，同時訓練「批判性思考」的思維。再提供更多的機會讓學生在思考的過程中進行「協作」，讓他們能從批判性思考的角度來釐清問題的本質，進而解決複雜的議題。並且在「溝通」中不斷地鼓勵學生找出不同的答案，發揮「創造力」刺激學習上的創新，這樣的 4C 練習並不只局限於資訊、理工科目，也可以從人文科學的角度探討更多值得關心的議題，提高數位公民素養。

11

經過了前面十章的解說，對科技的本質，以及科技在現今的演進與應用，是否有多一些了解了呢？

這一章，我們要探討的是科技在未來十年內，對生活型態及社會結構，可能造成的改變。想參與科技發展，該如何開始？若不想投入科技行業，又該如何適應將要發生的變化？又如何去決定未來的道路呢？

十年之後的未來

十年後的未來會是什麼樣子？

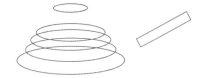

　　近十年來，科技的發展，給了我們過去想像不到的便利。以前買東西要出門奔走比價，現在在家吹著冷氣，動動手指，商品會自己寄到家。智慧型手機幾乎能搞定所有資訊來源，我們滑手機的時間已經大過看報紙雜誌跟電視，畢竟閱讀懶人包比找一大堆資料方便簡單得多。體重計會自動把紀錄同步到手機 App 裡頭，小朋友無聊時可以找智慧音箱聊天解悶。

　　延續了累積多年的資訊科技基礎，在未來十年內，科技將加速進入各行各業，數位化、科技化將是不可逆的趨

勢。科技將會進一步的貼近我們的日常生活，在你刷牙的時候鏡子可能會主動道早安，告知你一天行程；計程車上面沒有司機，車子還會順路買了你要的早餐，來接你到目的地；跟國際團隊開會只需要戴上 AR/VR 設備，就能身歷其境；時間地點不再限制我們能做的事，學習不一定要到學校，工作不一定要到公司；而整天的行程安排，機器祕書永遠不會出錯。這樣的世界好像是科幻片，但卻是十年後，我們有機會看見的。

　　不只如此，科技結合不同專業，發展新的服務，也將是十年內看得到的。幫助醫生判斷病人狀況的，可能不再只是檢測報告跟當下狀況，心電圖、腦波圖、醫學影像……會先由 AI 標註資訊，持續被妥善量測與記錄的生理資訊（心律、血壓、血氧、血糖，體重、體脂……這一類與生理相關的資訊），也會是很好的輔助。水果蔬菜可能會在溫室中成長，農夫用機器穩定控制著溫度溼度土質，不同條件，能種出不同風味的食材。超級市場裡面沒有收銀員，機器店員有條有理地做出試吃產品，由智慧廚具料理出來的餐點，實在非常美味。

　　科技發展將會因為某些基礎建設的完備而加速，同時也會結合更多專業，影響層面更廣。這些新服務不會在同一天發動，而是在未來十年間，一個一個實現。無論以哪一種方式呈現——AI、機器人、還是全新的企業型態，它

們都將帶來更多便利，也漸漸牽動生活樣貌跟社會結構。但大部分人卻會在改變降臨在自己身上時才驚覺：習慣的生活方式不再、溝通方式不再、工作方式不再。從工業革命以來，人類將因為蒸汽機、自動生產設備……而大規模失業的說法曾經出現多次，事實證明，有更多的新機會崛起，被時代淹沒的，是不願跟隨變遷要求自己進步的人。相較之下，現在面對的數位化科技化浪潮，發展速度快，影響範圍廣，但好消息是，我們其實已經在浪潮之中，開始看見這些趨勢，有時間、有資源做好準備。

科技將影響的範圍這麼廣，該怎麼做準備？

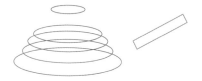

近幾年國內外風風火火的推行兒童程式教育，開放資源跟收費課程林立，成人自學寫程式的比例也一直攀高，這些無非都是看到數位化與科技化的趨勢，期望自己或孩子趕上潮流，不被淘汰。但是，**學會寫程式，真的就是未來的求生必需能力嗎？**這個問題，已有很多辯證，但截至目前為止，還是沒有什麼正確答案，畢竟還沒發生的事，哪來的結論？

但倘若換個問法：「參與科技發展的大時代，寫程式是唯一的路？」答案會明確一些吧！科技持續演進是趨

235

勢，完全無需應用科技的職業，十年後可能不存在了。那麼，是否代表所有人都應該成為資訊科技從業人員呢？對科技就是沒有興趣的人，該怎麼找到出路？而在未來，科技從業人員的工作內容，跟現在還一樣嗎？科技發展速度這麼快，又要怎樣確保不會被 AI 取代？從過去的經驗來看，無論是哪個行業，都很難保證在學校所學的，出社會十年後還是一樣好用。未來不停地學習，將是常態。而數位化與科技化影響範圍如此快速及廣闊，我們又該如何確定學習方向呢？

既然未來的資訊科技發展趨勢，是延續過去 30 年進程，同時可能在未來 10 年有大突破，那麼過去 30 年資訊科技業的版圖與人力需求變化，或許可以提供我們學習的方向。

公元 2000 年以前就開始，曾經快速發展的資通電大公司，如 Microsoft、IBM、Intel 等等，從事的大多是科技的基礎建設。這些基礎建設，是科技服務發展的基石，基本上決定了該項科技的規範與技術架構，影響層面很廣，發展得宜幾乎可以獨占市場。例如 Intel 一度主宰電腦核心設計，Windows 主宰了個人電腦介面，這些架構成為各大硬體製造公司的養分，如 Acer、ASUS、Samsung；產品後續的設計，也都是延續了它們的基礎架構而發展。公元 2000 年以後，發展轉向網路及通訊，網路壯大了

Google、ARM 等新一代科技巨頭，有線到無線帶給我們 3G/4G/5G、智慧型手機、Android、iOS、雲端運算服務……。

2007 年之後，架構在這些基礎建設之上而快速發展的，則是各式各樣的服務平台，例如一般用戶使用的媒介交易平台：亞馬遜、Airbnb、Facebook、WeChat；或是企業中的服務平台，如 SAP、Salesforce 等等。這些服務平台面向企業或個人用戶，大部分扮演媒介資源或整合數據的角色。Airbnb、Facebook、Uber 等在線上媒介了線下的資源與人，SAP、Salesforce 等公司則是整合了企業數據，讓製造業及公共設備降低勞力，提高效率。服務平台的特色是以用戶需求為導向，迭代迅速，強調整合。拿亞馬遜來舉例，它是電子商務服務的王者，但近幾年投入雲端服務，高速無人物流、無人商店等等，都是未來零售業的重要整合。

2012 年開始，科技開始蔓延到各行各業，開啟眾多商業化服務，例如自拍軟體、Netflix、iTunes、電競產品……。這些服務面向一般用戶，服務的功能明確，強調功能及內容的結合。這個生態圈近幾年發展比較迅速，雖然不如服務平台容易規模化，但未來更可能透過新的基礎建設與服務平台整合其他專業，構成新型態的專門應用，例如使用 AI、雲端運算、IoT 等基礎建設，搭配智慧手表，

結合醫療專業，將成為數位醫療服務。若要說遠一點，可能目前大部分的產業，最後都會與科技結合而發展成有專門應用的科技生態圈。

科技業從業人員的學習路徑，也隨著商業化服務的發展，從電子電機往資訊科學遷移，除了過去擅長的科技專業以外，都在學著用數據與服務的角度，去看待手邊的工作。他們會追蹤新的應用趨勢，時時想著怎麼把新方法用在產品上，站在用戶角度看產品，以用戶數據來分析用戶行為。同時，為了要提供好的服務，業務、市場、設計人才等，透過數據來了解實際狀況將是基本要求。面對數據的能力，現在已是科技業內共通的語言，而**看向未來，重複的事情，機器做；照規則就可以的事情，AI 做。**就算是現在與科技無關的其他專業，能不用科技工具輔助獨立運行的，也越來越少。**無論什麼專業都將與科技沾上邊的未來，「面對數據的能力」，就是最基礎且一定要做的準備。**

未來世界的求生法寶

　　「面對數據的能力」，聽起來有點虛幻。**數學考試高分，就有面對數據的能力嗎？事實上，面對數據的能力，是能夠了解數據背後意義的能力。具備這個能力的人，往往對於數字的敏感度高，邏輯清楚，能夠看懂數字背後代表的意義，進而從數據裡面挖掘出趨勢，或是例外來。**數據由已經發生的事件累積，找出趨勢，能夠幫助下判斷；而找出例外，則可以帶我們發現過去沒有想過的事，進而找到新的可能性。精準的判斷與新機會的發現，在未來世界中，將是求生法寶。

　　那麼，要怎麼培養能夠看懂數據的能力呢？

　　首先，先學會「量化」。量化是用數字描述事實，讓事實能夠準確傳達的好方法，是學習數據能力的起點，也是最容易養成的習慣。觀察並用數字描述一件事，往往就可以聚焦在重要的事物上。我們用一個學校老師可能遇到的情況來做例子好了。「班上孩子最近氣氛怪怪的」是一個現象，而「孩子們上課時，能正確回答問題的比例降低」和「下課時，留在位置上不出去玩的人數增加了」則是量化後可以看到的問題。當然可以有其他種量化的方式，但總之，量化問題讓狀況變得明確。

　　再來，是「放寬」。 在收集數據的過程中，結果固然是有用的數據，但過程的紀錄，以及過程產生的各種變化，也是重要的數據。放寬的意思，是放寬觀察的面向，看各方面的量化數據，才有機會歸納出有用的結論。若承續上面的例子，總不能找到量化問題之後，直接以規定孩子「沒能正確回答問題要罰站」或是「每節下課都不能留在座位上」來解決問題。或許「以前總聚在一起的某些孩子這兩週都各自回家」；「某幾個孩子的成績明顯下降」；「其他班學生這幾天在我們教室附近出現的頻率變高」等等現象，也都是有價值的量化指標。

　　然後，是「關聯」。 從這麼多的量化指標中，跟一開始的問題：「上課時，能正確回答問題的比例降低」和「下課時，留在位置上不出去玩的人數增加了」，其間的關係是什麼呢？是否，成績下降的孩子，過去就是比較常主動回答問題的人？過去總聚在一起的這群孩子裡，是否也有那成績下降的孩子？如果是，是否這孩子發生了什麼事呢？或許，這幾個孩子被霸凌了？霸凌的時間是下課時間？主要霸凌的人是否是其他班的那幾個學生呢？

　　最後，則是「好奇」。 孩子是否被霸凌，可以找得到證據。但找到證據之後，要怎麼幫助這孩子，恐怕要問的問題是這孩子為什麼被霸凌？該怎麼做可以讓這樣的事件不再發生？無論是在現在這個孩子身上，還是其他有同樣

背景的孩子身上。

　　量化、放寬、關聯、好奇，聽起來跟數據的關係並不直接，可是一旦進入專業領域，搭配專業數據，這四個要點，卻是了解及運用數據，最基本的概念。不信的話，我們再看看電子書店中的大數據推薦系統怎麼運作。

　　量化：將書編號，記錄書名的關鍵字。
　　放寬：記錄所有用戶點擊路徑及成交明細。
　　關聯：用戶瀏覽某本書時，以關鍵字，別人也買了……等條件來推薦書。
　　好奇：記錄該用戶的購買偏好，下次多推薦相關書目。

　　倘若進入科技相關行業，這四個要點，是面對數據的基本關鍵，架構在這四個要點之上的，將是各種深奧的演算法，數學學科的能力也是必要條件之一。即使是不開發演算法的人，在生活中也可以練習，搭配前面提過的 4C（批判性思考、溝通、創造力、協作），對未來生活的適應，絕對遊刃有餘。

未來的方向在哪裡？

　　既然在未來，重複的事情，機器做；照規則就可以的事情，AI 做。身而為人，有了前面講述過的基本能力（數據力加上 4C），除去機器跟 AI 會做的事，未來的人類，除了發展科技之外，還能做什麼呢？

　　事實上，還是有非常多發展的空間。**AI 與機器人的共通點，是沒有辦法做沒有實現過的，以及沒有流程及規則的事**。就算是科幻電影中會攻擊人類的 AI，也都是已經承載了巨量過去累積的知識與資訊，搭配上某些可能產生謬誤的運算邏輯，才產生相對應的行為。因此舉凡未知還需

242

要探索的、需要複雜溝通協調的、需要研究並開創的、與人的反應關聯大的，都還是人類除了科技之外，值得投入的目標。專業還是過去的專業，只是因為科技，專業有了不同的進行方式罷了。

有趣的是，過去對於專業的判斷，可能來自專業證照、工作績效、或是口耳相傳的風評。但當數位化到了某種程度，評價專業的要素，可能還要加入大量來自實際專業執行的效率或是量化結果。例如醫生的治癒率、律師的勝訴率……。倘若走到了這一天，專業與社會地位的關係，以及專業帶來的收益，或許會重新洗牌，就算在同一個專業裡頭，**被動可獲得的齊頭式待遇，很有可能不復存在。**同時，**既然重複的、繁雜的，都有科技代勞了，拿掉這些重複性操作，每天實際能運用的時間，相對變得更多了。**考量可能的新專業評價方式，以及每天要投入的時間，**與其思考自己應該投入哪一個方向，或許思考對自己重要的是什麼，還有自己的特質及熱情所在，會更加有意義。**畢竟要投入這麼多時間，還要看個人執行的結果，如果不是自己有熱情願意投入的事，也太辛苦了！

「熱情所在」過去在華人社會，是個奢侈的口號。孩子在成長的過程，幾乎沒有了解自己的機會，家長習慣「安排這前途是為了你好」，而扼殺了孩子多方體驗，嘗試錯誤的機會，只因為這麼做會「浪費時間」。最好孩子能少

走彎路，做一個有高社會地位的專業人士，安安穩穩的過日子。但倘若「專業人士」的社會地位及收益，如同前面所說，需要看個人的發展結果而定，那麼，允許孩子花時間去體驗，嘗試錯誤，進而找到自己的熱情所在，或許才是未來科技世代父母版本的「為了孩子好」。已經是成人的讀者，也值得花時間想想，做什麼是有意義的，值得投入的，同時評估開始斜槓的可行性，畢竟現代人壽命越來越長，十年後，我們都還有很長的路要走。

「熱情所在」可以從體驗跟嘗試錯誤中慢慢發現，觀察自己做什麼能夠最專注、最持續。那麼「特質」是什麼？又該如何找尋？

把一個人放到各種不同情境之下，這個人頻繁展現出來的行為，就叫做一個人的「特質」，例如內向、害羞、謹慎等等。一個人有謹慎的特質，不代表他就不會做冒險的事，只代表這個人的腦袋比較容易想到風險，通常會做比較謹慎的選擇。而謹慎與冒險，是相對的兩個特質，沒有哪一個比較好，也不是有了其中一個就不會有另一個，更不是少了什麼就是這個人的缺陷。

形成這些特質的原因，可以從 DNA、腦科學，以及心理學得到種種解釋，成因複雜的程度，恐怕短時間沒有什麼人能說出個所以然來。因此，心理學家開發各式各樣的特質測驗，來嘗試分類一個人的特質。他們用問題模擬

各種情境，答案是一個人展現出來的行為，而分類或是比例，就來自於一個人的答案與統計模型之間的差異。這樣的測驗，是職場上人力資源發展的重要依據，不過因為統計模型的取樣成分往往是成人，通常是成人才適合拿來做比較，適合青少年做的測驗，相對較少。市面上比較容易找到青少年適用的測驗，應該是分析人「思考偏好」的Emergenetics。

　　清楚一個人的特質，到底為何如此重要？實際上順著特質訂出來的發展計畫，對一個人來說，會是最舒服順利的體驗。例如，一個內向，偏好抽象思考，擅長分析的人，可能適合成為建築師；而另一個內向，偏好抽象思考，能感同身受的人，他可能適合做一個畫家多過建築師。**「熱情所在」是喜好，而「特質」是適合。一個人若能把喜好又適合的專業作為一輩子的職志，將是多麼舒心！**

11⁴

下一步是什麼？

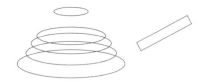

環境已經在改變了，無論是就學中的孩子，或是已經在社會中的我們，關鍵的下一步到底是什麼呢？倘若熱情所在與特質，能幫助人們找到適合發展的方向，那麼到底要怎麼做，才能將這些虛無飄渺的形容詞，真正轉化成一個人的能力？

身處科技的洪流，沒有人會知道下一刻什麼轉變會出現，但有意識的在這些過程中，即時做出選擇並且行動，而不是任由轉變的洪流捲走我們對未來的掌控力，至關重要。未來世界的方便與舒適，來自於人工智慧為人類操作

生活瑣事，或是做了生活的選擇。冷氣要開幾度才舒適又不會感冒這種小事，交給 AI 處理真的沒什麼問題，但若從此習慣了不選擇，那被選擇的那一天，恐怕也不會太遠。

　　不被選擇的未來，只能靠自己去實現。練習主動做出選擇，並且堅持自己的選擇，一點一點的累積結果，將是在未來能夠活出個人成就，最重要的能力與態度。要練習選擇，首先要「看清選項」。從我的角度看到的選項，跟其他人角度看到的，是否一樣？除了檯面上看到的這些選項之外，是否還有其他可能性？再來是建立「做選擇的自主意識」。是選輕鬆舒服的？選安全的？選有挑戰性的？還是選別人要我選的？最後，是「為選擇負責任」。選出來的路要靠自己實現，別人選的路永遠看起來比較好走，但實際上每一條路都有挑戰，關鍵是如何面對挑戰，一步一步實現選擇時期望的結果。

　　對於華人父母來說，讓孩子擁有自己的選擇，是特別不容易跨出的一步。因為這代表我們要看著孩子承擔風險。但若這是活出個人成就最關鍵的能力與態度，我們應該慶幸孩子們有機會從承擔小小的風險開始練習，而不是從小習慣由大人安排的路，成人之後卻突然要面對選擇。**亞里士多德有句話說：「重複的行為塑造出我們，所以，卓越不是一種行為，而是一種習慣。」**讓孩子從現在開始練習選擇，帶領他們堅持練習，從練習中學習，去蕪存菁，

直到他們的熱情所在變成天賦，特質在身上發光。

　　這也是團隊寫這本書最重要的原因，藉由傳達科普知識，讓更多人能對科技有最基本的認識，不恐懼、不逃避，也不忽視正在變化中的環境，同時也能有些依據，有意識的主動選擇如何面對即將到來的社會變遷。機會是留給準備好的人，找到自己的特質與熱情所在，盡力朝自己定的方向發展，帶著主動的人生態度，有數據力與 4C 作為武器，我們都能是準備好的人。

課綱裡的科技輕鬆搞懂：15 位資訊專業的父母親，
以案例和說故事為國高中重新解構及釐清 108 科
技領域課綱 / 資訊素養聯盟. -- 初版. -- 新北
市：臺灣商務，2019.09
　　面　；　公分

ISBN 978-957-05-3233-3（平裝）

1. 資訊科技 2. 課程綱要 3. 中等教育

524.375　　1　　　　　　　　　　　108014183

THALES

課綱裡的科技輕鬆搞懂

15 位資訊專業的父母親，以案例和說故事為國高中重新解構及釐清 108 科技領域課綱

作　　　者―資訊素養聯盟
發 行 人―王春申
總 編 輯―李進文
責任編輯―王育涵
封面設計―江孟達
書籍美術―吳郁嫻
排　　　版―吳郁嫻
校　　　對―黃瑞容
業務組長―陳召祐
行銷組長―張傑凱
出版發行―臺灣商務印書館股份有限公司
　　　　　23141 新北市新店區民權路 108-3 號 5 樓（同門市地址）
電話：(02)8667-3712　傳真：(02)8667-3709
讀者服務專線：0800056196
郵撥：0000165-1
E-mail：ecptw@cptw.com.tw
網路書店網址：www.cptw.com.tw
Facebook：facebook.com.tw/ecptw

局版北市業字第 993 號
初版一刷：2019 年 9 月
印刷：禹利電子分色有限公司
定價：新台幣 390 元
法律顧問：何一芃律師事務所